filtros

CRITERIOS PARA DECIDIR MEJOR

ROBERT BARRIGER

la segunda milla

prioridades

influencia prestada

patrones y principios

los olvidados

toma el camino más alto

sé una persona confiable

no olvides

¿somos amigos?

no se trata de ti

filtros

CRITERIOS PARA DECIDIR MEJOR

ROBERT BARRIGER

FILTROS, Criterios para decidir mejor
e625 - 2021
Dallas, Texas

Editado por: **María Gallardo**

Diseño de portada e interior: **JuanShimabukuroDesign @juanshima**

ISBN: 978-1-946707-61-1

IMPRESO EN ESTADOS UNIDOS

CONTENIDO

PRÓLOGO

Conozco a Robert y su familia desde hace más de quince años y si hay algo que amo de él es ese corazón tan generoso que tiene; un corazón que se refleja en una actitud siempre enfocada en dar de lo que Dios le ha dado, y sin dudas este libro es una prueba de ello.

Hace unos años estuve en Israel y fui a visitar las ruinas del antiguo templo de Jerusalén, también conocido como el «Muro de los Lamentos». Estando allí me llamó la atención la forma tan ferviente de orar de algunos de los judíos ortodoxos que se encontraban justo al frente del muro. Junto a un pastor amigo y un traductor me acerqué a un anciano que oraba y le pregunté: «Señor, ¿qué es lo que está usted orando?». Su respuesta fue: «Yo oro en base a lo que veo...».

Sin duda no sólo nuestras oraciones sino nuestra vida está determinada por cómo vemos las cosas. Cómo vemos a Dios, cómo vemos la vida, cómo vemos a las personas e incluso a cómo nos vemos a nosotros mismos seguramente condiciona la forma como afrontamos la vida. Cada uno de nosotros tenemos y aplicamos filtros en las diferentes áreas de nuestro caminar diario. Usamos filtros en las redes sociales para mejorar nuestras fotos, nuestra imagen o nuestro perfil. Pero definitivamente en nuestro liderazgo debemos usar los filtros correctos para poder edificar de manera correcta la vida, la iglesia y el llamado que Dios nos ha encomendado.

En este libro Robert nos comparte con suma generosidad veintiocho joyas prácticas para estudiar y aplicar detallada y constantemente en nuestro liderazgo, nuestro ministerio y en cada área de nuestra vida. Son veintiocho filtros que no se centran en una teoría vacía sino que son el producto no solo de años de aprendizaje, trabajo e investigación, sino también de su propia experiencia de vida personal y en el ministerio, que tantos y tan ricos frutos ha dado.

Estoy seguro de que disfrutarás esta lectura amena y fácil de digerir, y que a la vez terminarás con tu vida desafiada con principios profundos de la fe, la Biblia y el liderazgo cristiano saludable.

Mi oración es que puedas no sólo leer en detalle cada filtro, sino que también puedas adueñarte de ellos porque sin duda te ayudarán a ver las cosas desde una perspectiva saludable, y en consecuencia, tendrás una vida saludable.

Chris Méndez
Pastor Hillsong América Latina

Introducción

TUS DECISIONES DETERMINAN TU DESTINO

Eres la persona que eres hoy por las decisiones que tomaste en el pasado.

Claro, también han influido sobre tu vida las decisiones que otros tomaron y que te afectaron de una manera u otra. Pero en este libro nos enfocaremos sobre el primer tipo de decisiones, las decisiones propias, ya que son las que dependen de ti y, por lo tanto, las únicas que está en tus manos modificar.

Cuando alguien nuevo llega a nuestra iglesia, yo le digo: «Deme un año de su vida, y le prometo que su vida será mejor». Y es que si alguien ha venido tomando malas decisiones durante quince años, yo no puedo arreglar las cosas con una consejería de quince minutos, o de una hora. Pero si la persona está dispuesta a cambiar sus patrones de decisión habituales por patrones basados en los principios de la palabra de Dios, ¡entonces yo puedo garantizarle que su vida será mejor!

El secreto es este: una vez que alguien toma una mala decisión que provoca caos en su vida, en su familia, o en su trabajo (y recuerda: las malas decisiones *indefectiblemente* crearán caos), siempre tendrá la posibilidad de reencausar las cosas tomando buenas decisiones.

Por eso, si no te gusta la vida que tienes hoy, lo mejor que puedes hacer es esforzarte por tomar, a partir de este momento, las mejores decisiones que te sea posible. Porque del mismo modo que las decisiones que tomaste en el pasado han determinado tu presente, así también las decisiones que tomes en el presente determinarán tu futuro.

¿Conoces alguna persona que siempre toma malas decisiones? O, por el contrario, ¿conoces a alguna persona que siempre toma buenas decisiones?

¿Cuál es el secreto para tomar buenas decisiones, y por qué hay gente que parece siempre tomar decisiones equivocadas?

La Biblia dice en Proverbios 24:3 que *«con sabiduría se edificará la casa»*. Pero, así como con sabiduría se la edifica, con una mala decisión se la puede derribar. Hay gente que con sabiduría construye una gran familia, pero con una mala decisión la destruye. Y otros que con esfuerzo levantan un buen negocio, pero con una mala decisión lo llevan a la quiebra.

¿Cómo podemos tomar buenas decisiones en momentos complicados? ¿Será posible que las decisiones que tomamos, especialmente las más importantes, sean buenas siempre?

Yo creo que es posible si utilizamos buenos filtros. Cuando me refiero a emplear filtros, me estoy refiriendo a un proceso por el cual analizamos la situación a la luz de un criterio que ya hemos fijado para nuestra vida, con el fin de encontrar una respuesta sabia.

Las buenas decisiones se toman sobre principios. Es decir, utilizar los principios correctos como si fueran filtros nos lleva a tomar decisiones sabias.

En otras palabras: si antes de tomar una decisión la pasas por un buen filtro que ya has definido previamente, basándote en los principios correctos, es muy probable que la que tomes sea una buena decisión. ¡Y las buenas decisiones edificarán tu vida y la de los que amas!

Ahora, una palabra de advertencia: ¡tus habilidades para negociar contigo mismo pueden ser peligrosas! ¿A qué me refiero? A todas esas ocasiones en las que, luego de tomar una buena decisión, negocias contigo mismo para autoboicotearte. ¡Es increíble ver cuántas veces las personas toman la decisión correcta, pero luego encuentran alguna excusa para no ponerla en práctica!

Por ejemplo, una persona decide hacer la dieta que le indicaron para cuidar su salud, pero al tercer día de dieta, luego de un par de minutos de negociar consigo misma, se rinde ante esa porción de torta de chocolate. Otra persona toma la decisión de ahorrar dinero para alguna meta grande en su vida, y así lo hace durante meses, pero en determinada circunstancia, luego de unos pocos minutos de negociar consigo misma, encuentra una excusa para gastar en algo vano el dinero que tanto esfuerzo le costó juntar.

Tú eres un excelente negociador. Por eso, ¡ten cuidado! Usa los filtros adecuados para tomar decisiones correctas, ¡y luego apégate a ellas!

La Biblia dice: «*Engañoso es el corazón más que todas las cosas...*» (Jeremías 17:9, RVR60). Por eso es muy importante que no actuemos según lo que sentimos, vemos, o queremos, sino según lo que Dios dice en su Palabra.

A lo largo de este libro compartiré contigo veintiocho filtros que yo he fijado para mi vida, en la esperanza de que puedan servirte a ti también para tomar buenas decisiones basándote en principios eternos, y sentando así las bases de un futuro mejor.

Mi mayor deseo es lograr que la iglesia pueda avanzar y posicionarse para ganar a la siguiente generación, y creo con todo mi corazón que Dios quiere usarte para ese propósito. Me emociona saber que estamos persiguiendo ese mismo sueño, y anhelo que estos principios sirvan para bendecir tu vida en el camino.

Filtro 1

HONRA A DIOS

El primer filtro, y el que yo considero el más importante de todos, es «Honra a Dios». Si estableces este filtro en tu vida, es decir, si dices: «Ante cualquier situación, yo quiero honrar a Dios primero», entonces Él te dará sabiduría y hará que todas las demás decisiones te resulten más sencillas.

Tomemos un ejemplo bíblico. En el capítulo 1 del libro de Daniel vemos que el joven Daniel tuvo que tomar una decisión bastante seria en un momento crucial de su vida. Él era un muchacho de unos doce o trece años que fue sacado de su familia y de su nación para ser llevado a Babilonia, la nación más poderosa del mundo en esa época, porque habían apreciado su gran potencial y querían hacer de él un hombre importante. Esto incluía aprender un nuevo idioma, adoptar una nueva religión, e incluso cambiar su nombre de Daniel a Beltsasar.

Sin embargo, nos dice la Biblia que cuando a Daniel lo llevaron al palacio y le ofrecieron la comida del rey de Babilonia, Daniel se propuso en su corazón no comerla, ¡y esta (aunque pudo haberle costado la vida) resultó ser una buena decisión! ¿Cómo hizo Daniel, con apenas doce años, para tomar una decisión así? La respuesta está en que Daniel había decidido **honrar a Dios** en todo lo que hiciera. Fue fácil entonces decidir que la comida del rey, al haber sido ofrecida a ídolos, no sería parte de su dieta. Probablemente Daniel se haya preguntado a sí mismo: «¿Puedo comer la comida del rey y honrar a Dios al mismo tiempo?» Como la respuesta era no, él supo exactamente qué decisión tomar.

En la historia de Daniel podemos ver claramente cómo, al establecer buenos filtros, se torna más fácil tomar las decisiones correctas. La primera decisión de Daniel fue: «Quiero honrar a Dios con mi vida». Ese sería entonces el filtro principal para todo lo que haría después.

Lo mismo pasó con Sadrac, Mesac y Abednego. Cuenta la Biblia que Nabucodonosor hizo una gran estatua y decretó que todo el mundo debía arrodillarse ante ese nuevo dios, y que los que no lo hicieran recibirían el castigo de ser echados a un horno de fuego. Miles de personas se reunieron frente a la imagen, la música comenzó a sonar, y todos adoraron a ese nuevo dios que acababa de ser construido... Pero hubo tres jóvenes hebreos, compañeros de Daniel, que tomaron la decisión de no inclinarse ante esa estatua, porque sabían que si lo hacían, esto no honraría a Dios. ¿Cómo pudieron ellos decidir no arrodillarse ante el ídolo a pesar de ser amenazados con la muerte? La respuesta es sencilla: ellos habían decidido con anterioridad honrar a Dios en todo lo que hicieran. Este era su primer filtro para cualquier situación que atravesaran, y no era negociable. Por lo tanto, ellos se habrán preguntado: «¿Podemos honrar a Dios y doblar nuestras rodillas ante este ídolo?» La respuesta claramente era no. Luego lo que hicieron fue actuar en consecuencia.

Sinceramente te recomiendo que el primer filtro en tu vida sea el mismo que emplearon Daniel y sus compañeros: «Honraré a Dios con todo lo que haga». ¡Incluso si ignoraras todo el resto de este libro y tomaras solo este filtro, tu vida cambiaría para mejor!

Para aplicarlo en tu vida cotidiana, hazte preguntas como las que se hicieron ellos: ¿puedo ver esto, hacer esto, o decir esto, y al mismo tiempo honrar a Dios? Si la respuesta es sí, ¡pues adelante! Pero si la respuesta es no, entonces ya sabes lo que tienes que hacer...

Este es, de hecho, un filtro muy sencillo de aplicar, ya que tan solo requiere que nos hagamos una pregunta simple y concreta: ¿honra esto a Dios? Además, trae aparejado un beneficio espiritual, ya que cuando buscamos honrar a Dios en todo lo que hacemos, ¡Él mismo nos ayuda a tomar buenas decisiones!

CUANDO BUSCAMOS HONRAR A DIOS EN TODO LO QUE HACEMOS, ¡ÉL MISMO NOS AYUDA A TOMAR BUENAS DECISIONES!

Piensa ahora en tu vida privada... ¿Con qué cosas estás honrando a Dios? ¿Con cuáles no?

¿Y en tu vida pública?

Si quieres que tu vida honre a Dios, debes hacerlo tanto en público como en privado (porque, de hecho, lo que uno hace en privado siempre termina convirtiéndose en público).

Ahora bien, ¿qué significa «honrar»? «Honra» en hebreo es «ka·vóhdh», que se traduce como «gloria», o, si seguimos la traducción literal, como «peso». Por muchos años pensé: ¿por qué *honra* se traduce como *peso*? O, ¿por qué *gloria* se traduce como *peso*? Luego descubrí que uno no entiende el peso de la honra hasta que analiza lo opuesto. Lo opuesto de pesado es ligero. Entonces, si la honra es poner el peso apropiado en algo, lo opuesto es tomarlo por ligero.

Entonces, ¿dónde, en qué, o en quién estás poniendo el peso o el valor? ¿Qué es lo que estás honrando en tu vida?

Esto es importante porque el principio de Dios es que lo que tomes por ligero en la vida, se alejará de ti; y aquello que realmente honres, te será atraído. ¿Qué estás atrayendo o alejando de tu vida?

¿Honras a Dios con todas tus decisiones, o por el contrario, lo tomas a la ligera?

Yo quiero honrar a Dios con toda mi vida y con todo lo que hago. Eso es lo que hizo Daniel, es lo que hicieron Sadrac, Mesac y Abednego, y es también lo que hizo Jesús cuando fue a la cruz.

¡Las decisiones difíciles resultan sencillas cuando ponemos el honrar a Dios como una prioridad en nuestras vidas!

Filtro 2

PUEDES CONFIAR EN DIOS

¿Alguna vez le has hecho una pregunta difícil a Dios?

Por ejemplo, ¿qué pasa con la gente que nunca conoció a Jesús, si la Biblia dice que no hay salvación en otro que no sea Él? O, ¿qué pasa con los niños que mueren y no tienen la oportunidad de tomar la decisión de aceptar a Cristo? ¿Irán ellos al cielo?

Así como estas, hay muchas otras preguntas que uno podría hacer… pero si te fijas con atención, lo que verdaderamente le estamos preguntando a Dios en todos los casos es: ¿Señor, serás justo en tu juicio? ¿Puedo confiar en que serás justo cuando llegue el tiempo de juzgar al mundo?

La respuesta es **sí**.

La Biblia dice que al final, cuando llegue el gran día del juicio y estemos delante de Dios, todos lo alabaremos porque sus juicios son justos:

> «*Después de esto oí una gran voz de gran multitud en el cielo, que decía: ¡Aleluya! Salvación y honra y*

> *gloria y poder son del Señor Dios nuestro; porque sus juicios son verdaderos y justos...».*
>
> Apocalipsis 19:1-2 (RVR60)

Ese día nadie dirá: «Esto es injusto, Dios, no estoy de acuerdo con tu juicio». Todos estaremos de acuerdo en que sus juicios son justos. ¡Con esa misma certeza es que debemos vivir cada día de nuestra vida!

En otras palabras, Dios es justo, esa es su naturaleza, y por lo tanto podemos confiar en Él siempre.

¿Cómo usamos esto como un filtro en nuestra vida diaria? Bueno, hay momentos en los que tenemos que tomar decisiones difíciles. Escuchamos a nuestros sentimientos gritarnos: «¡Debes hacer esto!», pero Dios nos dice a través de su Palabra: «Haz lo otro». Cuando sientas que deseas hacer algo, pero Él en su Palabra te dice que hagas lo opuesto, ¡ese es un buen momento para poner tu confianza en Dios!

CUANDO SIENTAS QUE DESEAS HACER ALGO, PERO ÉL EN SU PALABRA TE DICE QUE HAGAS LO OPUESTO, ¡ESE ES UN BUEN MOMENTO PARA PONER TU CONFIANZA EN DIOS!

Una frase muy popular en el mundo hoy en día es: «¡Sigue a tu corazón!». Pero yo te digo: ¡No! ¡No lo hagas, porque tu corazón te va a engañar! La Biblia ya nos advierte esto en Jeremías 17:9, cuando nos dice: *«Nada hay tan engañoso ni tan absolutamente perverso como el corazón».*

¿Qué sucede cuando el camino ancho es más atractivo que el camino angosto? ¿O cuando parece más «conveniente» hacer las cosas como las hace todo el mundo que seguir los preceptos de Dios? Mi consejo es este: cuando Dios te dice que hagas algo, y tú crees que «a tu manera» saldría mejor, ¡haz lo que Dios te dice, y como Él te lo dice, aunque no entiendas el porqué! Seguramente lo entenderás mientras lo hagas, o tal vez más adelante… Pero incluso si jamás llegaras a entenderlo, ¡igualmente hacerle caso a Dios habrá sido de seguro la mejor decisión!

Esto aplica a todo: a tus relaciones interpersonales, a tu trabajo, a tu economía... El diezmar, por ejemplo, es una de las maneras de expresar nuestra confianza en Dios a pesar de lo que sentimos. Muchas veces sentimos que el dinero no nos alcanzará para llegar a fin de mes si separamos un porcentaje para darle a Dios, pero Dios nos dice «pruébame en esto», ¡y Él nunca nos va a fallar!

En el área de las relaciones también debemos confiar en Dios. La Biblia dice que nosotros vemos como a través de una ventana nublada, es decir, no vemos claro, ya que solo Dios conoce las intenciones del corazón. Así es como muchas veces, lo que nosotros podríamos percibir como un ataque, no es más que un malentendido. En ocasiones respondemos de forma ofensiva porque sentimos que fuimos atacados, cuando en realidad esa no fue la intención de la otra persona. Ahora bien, la Biblia dice que no debemos juzgar a otros, y también dice que no devolvamos mal por mal. Entonces, si decidimos contraatacar, estamos haciendo las cosas a nuestra manera y no a la manera de Dios. ¡Hazle caso a Dios y no juzgues a otras personas!

Recuerda que sus juicios son siempre justos, ¡pero los tuyos no!

Como siempre digo, en una situación puedes errar de dos formas: errar juzgando demasiado, o errar dando demasiada gracia. ¡Ay de nosotros si erramos juzgando demasiado! Estaríamos cometiendo no solo un error, sino también una injusticia de la cual algún día tendríamos que rendir cuentas delante de Dios. Por eso yo te recomiendo que elijas errar dando demasiada gracia, en lugar de juzgando demasiado.

¿Y qué hago si alguien me juzga a mí, o comete contra mí una injusticia? Le entrego el asunto a Dios y listo. Esta es otra situación en la que debemos aplicar el filtro que estamos tratando en este capítulo. Si tomamos el juicio o la venganza en nuestras manos, estamos expresando nuestra desconfianza en Dios. Recuerda: ¡puedes confiar en Dios!

Todos amamos la gracia cuando la recibimos, pero a veces resulta difícil darla, ¿verdad? Sin embargo, ten presente que muchas veces la gente ataca porque ha sido herida, y «la gente herida hiere gente». La próxima vez que seas atacado, en vez de contraatacar, intenta ayudar a esa persona a curar su herida. Trata de averiguar por qué esa persona actuó de esa manera, y muchas veces vas a encontrar en su pasado una herida que aún está sangrando. Allí es donde tendrás la oportunidad de decir: «Mira, Dios quiere sanar esto en ti». Y si no puedes ayudar a la persona, al menos no contraataques, y permite que Dios sea tu «vengador»... encontrarás que Él es mucho más misericordioso y amoroso que nosotros.

Volviendo al filtro de este capítulo, recuerda: ¡puedes confiar en Dios! No importa la circunstancia. No importa el lugar. No importa si lo que Dios te manda hacer parece más complicado, menos «popular», o menos «conveniente» que lo que hace el resto del mundo. ¡Confiar en Dios y obedecerle siempre será la mejor decisión!

Filtro 3

NO ATAQUES, NO TE DEFIENDAS

El filtro anterior se relaciona mucho con el que vamos a ver ahora. Se trata de una idea que escuché de Billy Graham, quien llegó a ser uno de los grandes hombres de integridad del evangelio en el último siglo. Él tenía como norma en su vida este dicho: «No ataco, no me defiendo».

¿Puedes imaginarte cuántos ataques habrá recibido Billy Graham a lo largo de su vida y de su ministerio? Sin embargo, Billy Graham simplemente tomó la decisión de no atacar y no defenderse.

Hay personas que parece que cuando leen en sus Biblias: «La venganza es mía, dice el Señor», en realidad interpretan: «El Señor me dijo que la venganza es mía», y toman el asunto en sus manos. ¡Esa es siempre una mala decisión! Si te atacan, no te defiendas. Permite que sea Dios quien te defienda y así mostrarás que confías en que sus juicios son justos.

PERMITE QUE SEA DIOS QUIEN TE DEFIENDA Y ASÍ MOSTRARÁS QUE CONFÍAS EN QUE SUS JUICIOS SON JUSTOS

¿Pero cómo es esto de no atacar y no defendernos? ¿Es posible realmente?

A veces sentimos que alguien nos lanza un dardo por la espalda, y queremos voltear a responder, ya sea a través de las redes sociales o, tristemente en el caso de muchos pastores, a través de una prédica. Sin embargo, cuando hablamos de no atacar, al nivel de liderazgo o al nivel de iglesia, Jesucristo mismo dijo que si el mundo te odia, ¡debes recordar que a Él lo odiaron primero! Y es así. El mundo no va a estar siempre contento. Habrá veces en las que te van a atacar. Y si eres líder o pastor, también va a haber momentos dentro de la iglesia en los que habrá «fuego amigo». Momentos en los que estarás ganando gente para Cristo, pero recibiendo al mismo tiempo dardos de otras iglesias, o incluso, los que más duelen, de gente de tu misma iglesia, o de un miembro cercano de tu familia. Por eso es que todo esto guarda relación con el filtro que vimos antes. ¡Confía en Dios! ¡Confía en que Dios tiene todo bajo control, y en que la venganza es suya, no tuya!

Jesús no dijo nada cuando lo criticaron ni cuando lo juzgaron, y como cordero fue llevado al matadero... pero así permitió que se cumpliera la voluntad de Dios. No es fácil portarte como un cordero cuando hay gente que parece que quisiera crucificarte, pero no ataques y no te defiendas. ¡Confía en Dios y en sus planes perfectos!

Ten en cuenta también que las personas tienen diferentes niveles de madurez, y a veces por un mal entendido, o precisamente por su falta de madurez, ellos encienden una chispa... Si tú contraatacas y le agregas gasolina a esa chispa, puede convertirse en un incendio forestal. Si en lugar de eso intentas «desescalar» la situación, tal vez todo quede en una chispa que pronto se apagará.

En Proverbios 26:20, Salomón nos dice: *«Sin leña se apaga el fuego»*. Recuerda: no ataques a nadie (ni siquiera a los que te ataquen a ti), y no te defiendas. Concéntrate en tu ministerio y en el trabajo que Dios te encargó, y Él será quien te defienda.

Además, nunca debemos atacar porque no hemos sido llamados para señalar el pecado de otros. ¡El pecado es demasiado fácil de encontrar, ya que todos hemos pecado! Hay una historia que cuenta que en el desierto hay dos aves: un buitre y un colibrí. Cada día las dos aves despiertan y salen a buscar comida. Cada día el colibrí busca el dulce néctar, y cada día el buitre busca algo muerto para comer. ¡Y cada día las dos aves encuentran lo que estaban buscando! La enseñanza es sencilla: siempre encontrarás aquello que estás buscando, tanto en la vida como en las personas. Y yo no quiero ser alguien que busque carne muerta. Quiero ser alguien que, como el colibrí, busque algo dulce. ¡Siempre quiero buscar lo bueno de la gente!

Esta enseñanza debemos aplicarla también como iglesia. La gente nunca hará fila para ser criticada o juzgada, pero sí lo hará para ser amada. Las personas del mundo vienen a la iglesia con hábitos y estilos de vida que solo Dios puede cambiar y, como iglesia, lo que debemos hacer es amarlos. La iglesia debe ser un lugar donde la gente sea recibida con un abrazo amoroso, un refugio para los que están en necesidad. Dios ama a todos, y el poder del evangelio es lo único que puede cambiar a las personas.

Pero volviendo al tema de no defendernos, es cierto, todos vamos a ser tratados en algún momento de manera injusta, y eso duele... Sin embargo, nosotros no sabemos todas las circunstancias que puede estar atravesando la otra persona, y solo Dios conoce las intenciones del corazón. ¡Confiemos en Dios, y pongamos esta confianza en práctica al no atacar y no defendernos!

Hoy en día esto es muy difícil, ya que las redes sociales han proporcionado a las personas una plataforma desde la cual pueden expresar lo que tienen en su corazón, sin filtros y sin mucho pensamiento previo. Así, podemos notar que el mundo está lleno de odio... ¡pero sabemos que el amor puede vencerlo! La Biblia dice que no paguemos a nadie mal por mal. ¡No agreguemos nuestra voz a la voz del odio que cunde en las redes, y no caigamos en la tentación de usarlas, ni para atacar, ni para defendernos!

Solo el amor de Dios puede cambiar el mundo.

> *«No te dejes, pues, vencer por el mal, sino vence el mal haciendo el bien».*
>
> Romanos 12:21

> *«¡Dichosos los que hacen la paz, porque serán llamados hijos de Dios!».*
>
> Mateo 5:9

Filtro 4

PERSEVERA PARA LLEGAR LEJOS

En la época en que recién estaba estudiando e iniciando el ministerio, me crucé con un libro de William Carey. Él fue uno de los misioneros pioneros en la India (de hecho, hoy es conocido como el padre de las misiones modernas), y es curioso porque la iglesia de ese entonces en los Estados Unidos no creía mucho en las misiones. Pero Carey decidió ir al campo misionero de todas formas. Los líderes de la iglesia de aquella época le preguntaron qué era lo que iba a hacer ahí, o qué iba a dar... Quizás no veían muchas habilidades en él, porque al parecer Carey no era un hombre muy carismático o talentoso. Probablemente era incluso un hombre introvertido, pero definitivamente fue alguien con convicciones firmes. ¿El resultado? A lo largo de los años que pasó en la India, Carey tradujo la Biblia a numerosos dialectos, hizo importantes contribuciones a la educación y a la agricultura, e incluso logró que se aboliera por ley el infanticidio. Sin embargo, el único mérito que él reconocía en su propia vida era el de poder caminar hacia una meta dando un paso tras otro, a veces lentamente, pero sin detenerse.

Creo que esto tiene que ver con aquel versículo que dice: «*Los pasos de los buenos son guiados por el Señor. Él se deleita en cada paso que dan»* (Salmos 37:23). Muchas veces en la vida intentamos dar saltos en lugar de pasos. No intentes saltar para acortar camino o para llegar más rápido sólo porque sí, porque nada de eso es seguro. Camina con perseverancia, y confía en que Dios guiará tus pasos. Más adelante veremos que en ocasiones es necesario acelerar el paso y actuar con rapidez por razones estratégicas, pero ese es otro caso.

Recuerdo la historia del rey David, cuando su capitán Joab fue a pelear contra Absalón, y David esperaba en la ciudad, cercana a la batalla. El ejército de David ganó, y dos hombres corrieron a contarle a David sobre lo sucedido. El hombre que corrió más rápido y llegó primero, tan solo le dijo a David que habían ganado la batalla. El hombre que llegó en segundo lugar también le dijo que habían ganado la batalla, pero agregó una información que era muy importante para el rey: su hijo Absalón había muerto. Así como en esta historia, hoy en día hay gente que corre rápido pero no tiene un mensaje relevante que compartir.

Yo llevo más de cuarenta años en el ministerio, incluyendo mi tiempo de estudios y mi tiempo como asistente en la iglesia en San Diego, y atravesé temporadas de mucha inseguridad, como la mayoría de los pastores. Por eso puedo comprenderlos a ellos y a los líderes que pasan por esto, especialmente cuando aparece alguien con mejor presencia, talento, carisma, o con una mayor habilidad para llevar palabras que cambian vidas. A veces, mientras uno está haciendo lo que dijo William Carey, de dar un paso a la vez, viene otro corriendo desde atrás que te pasa o te adelanta, y es ahí donde viene la tentación de compararnos. Pero, en vez de compararme, yo elijo poner un pie frente a otro, caminando sin parar. Así ha sido mi vida, y a través de los años he visto que muchos de los que corrieron demasiado rápido hoy no están, o se han quedado en el camino. Y hoy, cuando veo hasta dónde me ha llevado Dios, me sorprendo. Muchos creen que tengo «éxito», pero yo solo me digo: «No sé cómo llegué a esto, solo sé que puse un pie delante del otro».

PREFIERO TRABAJAR UN PASO A LA VEZ, CUIDANDO LOS PRINCIPIOS Y EL CARÁCTER, EN LUGAR DE CORRER POR CORRER

Cuando veo a personas cuya ambición es tener iglesias grandes y predicar a multitudes, tratando de correr desenfrenadamente y tomar atajos, me preocupo porque sé que a veces el talento te lleva a donde el carácter no te puede sostener. Yo prefiero trabajar un paso a la vez, cuidando los principios y el carácter, en lugar de correr por correr. No quiero compararme con ese ministerio que ha crecido tan rápido. ¡Mi ambición no es crecer! Es más, yo sé que nuestra iglesia ha crecido, y sé que tiene influencia, pero yo nunca lo busqué, y hasta me da cierto temor porque no quiero echarlo a perder, no quiero desviarme del camino. Yo sé que Dios ha permitido esto, pero igual quiero seguir avanzando un paso a la vez, para llegar lejos.

Y hablando de las comparaciones dentro del ministerio, me gusta el ejemplo que encontramos en la Biblia acerca de los levitas, quienes recibieron el mandato de Dios de no dejar que el fuego que había bajado del cielo se apagara, ya que este fuego había sido comenzado por Él. Ahora bien, la tarea de los levitas era increíble porque eran los representantes entre Dios y el pueblo, pero para muchos de ellos su tarea principal en verdad fue ¡cortar leña!

Imagínate a un grupo de treinta levitas de la misma promoción, que tomaron cursos juntos y estudiaron durante cinco años para llegar a ser levitas. Ya tienen 30 años (recordemos que Jesús inició su ministerio público a los 30 años), y ahora están listos para su primer día de trabajo. ¿Cuál sería ese trabajo? Bueno, para algunos sería estar en el altar ofreciendo sacrificios, para otros mantener el aceite dorado en el candelabro, para otros mostrar el pan cada día, para otros mantener el incienso en la oración... y para otros, su labor más importante sería ¡cortar leña para que el fuego no se apague! Puede que hoy no lo parezca, ¡pero eso era en verdad una tarea muy importante!

Recuerda que cuando Dios ordenó construir el tabernáculo, Moisés no podía cambiar nada ni dar su opinión sobre qué le parecía mejor. Él tenía que construir el tabernáculo tal como Dios le había dicho y, si obedecía, Dios iba a responder con fuego. Luego leemos que cuando Aarón puso el sacrificio sobre el altar, tal como Dios se lo había indicado, Él envió fuego del cielo. ¡Imagina ese momento glorioso, ese fuego del cielo que consumió el holocausto y encendió la leña! Pues de ahí parte el trabajo de los levitas de mantener el fuego encendido, ¡porque no podemos apagar el fuego que Dios comenzó!

De hecho, si un sacerdote usaba un fuego que Dios no había ordenado, ese era fuego extraño, y no estaba permitido usar un fuego extraño, ya que había sido producido por la mano del hombre. Por lo tanto, el trabajo de los levitas consistía en cortar leña y llevar el carbón de sitio en sitio, soplando sin parar para mantener siempre encendido el fuego que Dios había comenzado, y tener con qué consumir los sacrificios que se ofrecían al Señor. Así que, aunque no parece nada glorioso cortar leña, era un trabajo que había que realizar con perseverancia, día tras día, ¡y era un trabajo muy importante!

John Maxwell, quien ha escrito muchos libros y es sin duda un líder de líderes, dice que no tiene ningún secreto para su éxito más allá de la constancia en avanzar sin detenerse, dando pasos firmes cada vez. Para esto, él recomienda lo que llama «la regla de las cinco acciones». Por ejemplo, si intentas derribar el árbol que tienes en el centro de tu jardín en un solo día, lo más probable es que termines con ampollas en las manos y mucho dolor de espalda. Pero si te enfocas en darle cinco hachazos cada día, ¡finalmente ese árbol caerá! Como ves, esto también tiene que ver con ir paso a paso, y perseverar para llegar lejos. De hecho, John Maxwell escribe cinco páginas cada día, ¡y así es como ha terminado tantos libros en su vida!

Yo quiero que esta, la iglesia que Dios ha permitido que pastoree, llegue más lejos que yo. Por eso cuando veo, por ejemplo, un nuevo movimiento de Dios, o un nuevo ministerio en la ciudad, no estoy pendiente de lo que ese otro pastor o esa otra iglesia están haciendo, porque creo que debemos evitar las comparaciones. Yo quiero mantenerme en lo que Dios nos ha llamado a hacer a nosotros, siguiendo nuestra línea y avanzando paso a paso, con perseverancia, para llegar lejos.

Recuerdo una conversación que mantuve hace unos años con un pastor anciano al que yo admiraba y honraba, y que era mi amigo, un hombre que había logrado mucho en los años '60 y '70, marcando historia en los Estados Unidos. Él tenía una iglesia en California frente a Disneyland. Y este pastor y amigo un día vino y me preguntó si quería pastorear su iglesia. Para mis adentros yo pensé: «¿Volver a California? ¿Frente a Disneyland? ¿A una iglesia históricamente reconocida? ¡Wow!». Realmente era bastante tentador. Pero entonces oré y recordé que Dios me había llamado a Perú, así que tuve que responderle a este pastor: «Gracias, pero no». Luego ese pastor me dijo algo que jamás olvidaré: «Qué bueno que me has dicho esto. No cambies mucho».

Creo que esa es una de las claves para llegar lejos: no se debe cambiar mucho de ministerio. Hay una frase que siempre repito: «Un ministerio de largo compromiso trae frutos y resultados de largo compromiso». Y nuestra iglesia es testimonio de eso.

Yo he visto a muchos que están siempre buscando la siguiente gran oportunidad, y van cambiando mucho, saltando de un lugar a otro... De iglesia en iglesia, de ciudad en ciudad. Pero yo me dije: «No. Yo me quiero arraigar profundamente en Lima, dando toda mi vida a una sola ciudad y a un solo país». Mi sueño es poder ver un verdadero avivamiento en Perú, un país vestido con ropas blancas y pintado de rojo por la sangre de Cristo. Por eso he decidido arraigarme bien, para así poder dar mucho fruto.

Sé que a veces hay oportunidades que pueden llegar en el camino, pero no andes siempre cambiando de un lugar a otro. Ora para que el Señor te muestre dónde te quiere usar, y permanece allí hasta que Él te diga que te muevas.

ORA PARA QUE EL SEÑOR TE MUESTRE DÓNDE TE QUIERE USAR, Y PERMANECE ALLÍ HASTA QUE ÉL TE DIGA QUE TE MUEVAS

En Gálatas 6:4, Pablo nos dice que cada uno debe examinar su propia conducta, y que no debemos compararnos con nadie. Y sí... siempre existe la tentación de compararte con ese otro líder que está haciendo más cosas que tú, o que es más carismático, o que tiene una visión diferente a la tuya, o que está haciendo en su ministerio cosas espectaculares... pero no lo hagas. No te compares. Solo pídele a Dios que guíe tus pasos, persevera, no tomes atajos y llegarás lejos.

Filtro 5

NO SEAS UNA NUBE SIN AGUA

Ser subestimado es mejor que ser sobreestimado. La Biblia dice: «*Deja que sean otros los que te alaben; no te alabes tú mismo*» (Proverbios 27:2). Por eso, yo prefiero ofrecer menos y entregar más. Prefiero que la gente se sorprenda cuando lo vean todo.

Hay personas que hablan mucho sobre todas las cosas maravillosas que hacen, pero cuando las miras más de cerca, no eran lo que parecían. Yo prefiero que cuando conozcan mi ministerio digan: «¡Vaya, es más de lo que pensé!» (y, por supuesto, de esto Dios tiene todo el crédito y la gloria). Lo mismo aplica a una empresa, un negocio, o a cualquier profesión que tú tengas.

La Biblia dice que algunas personas son «*como nubes sin agua*» (Judas 1:12). Imagínate una nube que se acerca y un campesino que dice: «Ay, ¡qué bien! ¡Va a regar mi huerto, va a regar mi campo!». Pero entonces la nube pasa, y resulta que no tenía agua. Qué desilusión, ¿verdad? Así, hay cristianos que ofrecen y ofrecen, pero cuando los demás buscan, no encuentran nada.

A veces soy invitado a predicar, y yo mismo sé de mi humanidad, y entonces oro: «Señor ellos están esperando de ti, no de mí, y yo no quiero ser una nube sin agua… ¡Tú tienes que entregarte a ellos!».

HAY MUCHOS QUE DICEN MÁS DE LO QUE HACEN. YO QUIERO HACER MÁS DE LO QUE DIGO

Yo no quiero ser una nube sin agua. Hay muchos que dicen más de lo que hacen. Yo quiero hacer más de lo que digo. Quiero ofrecer menos para entregar más. Prefiero que la gente espere veinte y reciba cincuenta, a que esperen cien y reciban cincuenta.

Pero, ¿cómo convertir esta idea en un filtro para tomar tus decisiones? Bueno, hay una frase que dice: «Es asombroso ver lo que se puede lograr si no te importa quién recibe el crédito». ¡Ahí está la aplicación concreta de este principio! Un buen líder da el crédito a quien lo merece; un mal líder quiere el crédito de todo.

Por eso es que me da cierta preocupación cuando veo a alguien que dice: «¡Mira lo que yo he hecho! ¡Mira mi ministerio!». Esto lo vemos mucho en la iglesia de hoy en día, y más aún en América Latina. En el movimiento apostólico, hay muchos que se fijan en el título: «Yo soy pastor, yo soy evangelista, yo soy profeta, yo soy apóstol», y como el apóstol fue mucho, ¡es lo máximo! Lo triste es que cuando la gente cree que un apóstol es alguien «más especial» que el resto, entonces llega un momento en el que todos son apóstoles. Y luego comienzan las peleas entre apóstoles: «Yo soy más apóstol que tú». Y luego resulta que hay «apóstoles mayores» y «apóstoles menores». Y de pronto, ser un apóstol ya no es suficiente. ¡Dios mío! Yo soy un siervo, y quiero seguir siendo un siervo. ¡Este es el nivel más alto al que puedes llegar!

¿Qué quiere decir esto? ¿Que no creo en el ministerio apostólico? Sí, yo creo que existe el ministerio quíntuple: hay apóstoles, profetas, evangelistas, pastores y maestros para edificar la Iglesia de Jesucristo. Pero un árbol de plátano no necesita un letrero para saber el fruto que lleva. El ministerio apostólico es básicamente un ministerio que busca guiar y servir espiritualmente a pastores, como lo haría un padre con sus hijos. La Biblia dice que el buen hombre deja herencia incluso a los hijos de sus hijos. Así que no sabré si eres un buen pastor hasta que vea a tus hijos espirituales, y a la siguiente generación después de ellos.

Mi deseo es levantar una iglesia generacional y sé que esto toma tiempo. Toma tiempo invertir en tus hijos, y toma tiempo que tus hijos inviertan en sus hijos. Pero cuando veas a tus nietos dirás: «¡Wow, valió la pena todo ese esfuerzo!».

Hoy en día estamos en una era muy confusa: la era del «*branding*». Parece que lo importante es construir una marca, posicionar un *brand*, y esto también pasa con los pastores. Mi consejo es: pastor, construya su brand, pero lentamente. Despacio, con carácter, con integridad. No corriendo demasiado rápido, no tratando de conseguir lo que otro tiene, y no tratando de llamar la atención sobre sus logros. En Mateo 6:3-4 tenemos una hermosa promesa: *«Pero cuando hagan algún bien, háganlo discretamente. ¡Ah, pero el Padre de ustedes, que conoce todos los secretos, los recompensará!».*

Esto tiene que ver también con otro filtro que analizamos antes: «Puedes confiar en Dios». ¡Confía en que Él se va a levantar, y en algún momento su gracia caerá sobre tu ministerio o sobre ti como si enfocaran una linterna! Y mientras tanto, si la linterna de Dios está sobre otro, en vez de comparar o decir «¿Por qué a él y no a mí?», ¡celébralo! No tengas envidia ni celos, porque Dios está mostrando lo que Él está haciendo en esa iglesia o en ese otro ministerio, y a fin de cuentas toda la gloria es para Él (y si la linterna de Dios nunca te llega a alumbrar públicamente, ¡ten por seguro que en el cielo habrá una gran linterna!).

Muchos años atrás, cuando aún era un estudiante en el seminario, recibí una palabra profética para mi vida, la cual decía que en el futuro estaría corriendo en silencio para hacer la obra, y que las personas no se iban a fijar mucho en lo que yo estaba haciendo hasta que la obra estuviese terminada. Este ha sido mi anhelo personal desde aquel día. No me importa el aplauso humano. Lo que me importa es que cuando la obra esté terminada, deje una huella profunda en la tierra.

Más hechos y menos dichos. Solo confiemos. La linterna de Dios alumbrará sobre nosotros a su debido tiempo.

Filtro 6

LA PALABRA HACE LA OBRA

Este dicho, «la Palabra hace la obra», es uno de los filtros más firmes que he establecido en mi vida ministerial y en la iglesia. ¿Por qué? Bueno, en primer lugar, porque amo la palabra de Dios. Y en segundo lugar, porque la Biblia dice que la palabra de Dios es poderosa, que nunca vuelve vacía, que siempre cumple su propósito cuando es enseñada y enviada. ¡La palabra de Dios hace la obra!

Yo no he cambiado la vida de nadie. Simplemente tengo el honor de enseñar la Palabra, y la Palabra hace la obra.

Esto también se relaciona con la humildad y otros temas que estamos abordando en este libro. Por ejemplo, en nuestra iglesia tenemos muchos cursos de matrimonios con los que hay miles de familias que han sido restauradas, y de vez en cuando viene un profesor o una maestra que me dice: «Yo cambié la vida de esa pareja». Y yo le respondo: «No, tú no cambiaste su vida. Dios cambió su vida. Tú enseñabas la Palabra, y la Palabra es poderosa. ¡La Palabra hizo la obra!».

Muchas veces vemos personas a las que les encanta ser halagadas, pero ten presente que la gloria y la honra le pertenecen solo a Dios. Algunos me dicen: «pastor, la Palabra que usted me ha enseñado cambió mi vida», y eso me hace sentir bien... Por eso siempre tengo que recordarme a mí mismo que yo solamente tengo el honor de enseñar algo tan poderoso como es la palabra de Dios.

NO ERES TÚ, SINO LA PALABRA LA QUE HACE LA OBRA. EL VER LAS COSAS A TRAVÉS DE ESTE FILTRO TE MANTENDRÁ HUMILDE PARA QUE DIOS PUEDA SEGUIR USÁNDOTE

Es hermoso cuando Dios te usa para bendecir a otro, o cuando oras por alguien que es sanado. No hay nada más emocionante que ver a Dios cambiar la vida de alguien usándote a ti como una vasija. Pero recuerda siempre que no eres tú, sino que es la Palabra la que hace la obra. El ver las cosas a través de este filtro te mantendrá humilde para que Dios pueda seguir usándote.

Es cierto, Dios utiliza personas. La vasija que Dios usa es un ser humano, y Dios utiliza lo que está dentro de la vasija para transmitir su Palabra. Por lo tanto, la vasija también tiene su parte en las enseñanzas. Por eso, no debemos abandonar o huir de nuestra personalidad, sino más bien pedirle al Señor que nos moldee de tal manera que seamos mejores mensajeros de su Palabra.

Los pastores tenemos el privilegio de poder observar vidas transformadas y eso nos da mucho gozo, pero el crédito solo es de Dios. Yo tengo el honor de enseñar la Palabra, para lo cual estudié y me preparé, pero sé que cuando entrego la Palabra en un mensaje, es Dios el que está obrando a través de mis palabras. Lo mismo ocurre si tú eres un líder, o un maestro, o incluso si compartes la palabra de Dios con otras personas en tu trabajo o en tu vida cotidiana. ¡Cada vez que cites su Palabra, Dios estará obrando!

Ahora bien, hay un tema que no puedo dejar de mencionar si hablamos de enseñar la Palabra, y tiene que ver con las distracciones. Muchas veces, cuando preparo un mensaje, siento que habrá una familia que estará ahí y lo aprovechará; luego, el día de la reunión, veo que esa familia llega a la iglesia... pero al llegar al punto central de la enseñanza, justo alguien que está delante de esta familia se levanta para ir al baño, y en vez de escuchar una Palabra que tiene eternidad y que podría cambiar sus vidas para siempre, ellos sin querer se distraen mirando al que tenía que salir. ¡Cuánta tristeza me da cuando sucede esto!

La Biblia dice que la Palabra es una semilla que es sembrada por el Sembrador, pero que el enemigo intenta robar la semilla tan pronto como ha sido sembrada. ¡Las distracciones en la iglesia tienen ese efecto! Una distracción puede generarse por un niño que llora o por personas que se mueven durante la reunión o incluso por alguien que le lleva agua al pastor que está en el púlpito en la mitad de su mensaje. ¡Qué lástima cuando el mensaje es poderoso pero la gente se distrae por estar mirando al que lleva el agua! Por eso, no permitamos que surjan distracciones cuando la Palabra es enseñada, y mucho menos cuando hay un llamado a la salvación, ¡porque hay gente que está por tomar una decisión con efectos eternos justo en ese momento!

Si cuidamos de manera especial el momento en el que se expone o se enseña la Palabra, habrá vidas transformadas y personas que recibirán a Cristo y nacerán de nuevo. ¡La Palabra hace la obra, pero nosotros debemos generar un ambiente propicio para que la gente pueda recibirla!

Cielo y tierra pasarán, pero la palabra de Dios nunca pasará. Honremos la Palabra y enseñemos a la gente a honrarla, porque ella es la que hace la obra.

Filtro 7

ERES RESPONSABLE POR LAS ZARZAS QUE GOBIERNAN TU VIDA

Este es un filtro muy importante en el mundo de hoy y lo podemos aplicar a nuestra vida personal, a la iglesia e incluso a la política. Este filtro está basado en la historia de Jotán, que se encuentra en el capítulo 9 del libro de Jueces, en el Antiguo Testamento. No es de las historias más conocidas o compartidas, pero de ella podemos aprender un principio importante para nuestras vidas y para la vida de la iglesia.

En esta historia, Abimelec, hijo de Gedeón, organizó una trampa para matar a los otros hijos de su padre y de esta manera llegar a ser rey. Junto a un grupo de hombres que contrató, mataron a sus setenta medio hermanos. Solo se salvó Jotán, el menor, quien logró escapar y esconderse. Después de que Abimelec cometiera este terrible acto, el pueblo reunido en una asamblea lo proclamó rey. ¡¿Puedes creerlo?! Cuando Jotán se enteró de ello, subió al monte de Guerizín para gritarles estas palabras:

«Cierto día, los árboles del campo decidieron elegir a uno para que gobernara sobre todos los demás árboles.

Primero le dijeron al olivo '¡Reina sobre nosotros!', pero el olivo dijo: 'No, porque tendría que dejar mi rica vida de producir aceite que bendice a Dios y a la gente'. Luego los árboles le preguntaron a la higuera, pero ella dijo: 'No, porque no quiero dejar mi dulce vida'. Entonces le preguntaron a la vid, pero esta les respondió: 'No, porque mi vida es demasiado divertida. Produzco vino que alegra a la gente'. Finalmente, los árboles le preguntaron a una zarza, la cual aceptó gobernar a los demás árboles solo si ellos se sometían a ella. Si no se sometían, saldría fuego de la zarza y los consumiría a todos».

Por supuesto, estas palabras fueron una advertencia de Jotán sobre las consecuencias que vendrían sobre Abimelec y los hombres de Siquén por el pecado de haber asesinado a los setenta hijos de Gedeón (puedes leer hasta el final de Jueces 9 para ver cómo terminó el asunto). Pero también podemos aprender algo nosotros...

En el relato de Jotán, tanto el olivo como la higuera y la vid dijeron que no... y luego tuvieron que conformarse con que la zarza gobernara sobre ellos. Por eso, el filtro que podemos tomar de esta historia es que cada uno es responsable por las zarzas que gobiernan sobre su vida.

Si Dios te buscó para cumplir su propósito, y tú le dijiste: «No, no tengo tiempo, estoy ocupado en mi propia agenda, mejor busca a otro», entonces tú eres el único responsable de las cosas que sucedan luego.

¿Cómo aplico yo este principio a mi vida y a la iglesia? Bueno, hay muchas cosas que hago no porque tenga tiempo, o porque quiera, sino simplemente porque sé que debo hacerlas.

HAY MUCHAS COSAS QUE HAGO NO PORQUE TENGA TIEMPO, O PORQUE QUIERA, SINO SIMPLEMENTE PORQUE SÉ QUE DEBO HACERLAS

Mi gran amigo Marcos Witt lo declara de esta manera en una canción:

Si no lo hago yo, ¿entonces quién lo hará?
Si no me levanto yo, ¿quién se levantará?
Si no me atrevo a hablar, nunca conocerán
que hay algo mejor.
Si no lo hago, ¿entonces quién?

Si nos quedamos callados, siempre habrá una zarza por ahí que levantará su mano diciendo «¡Yo quiero, yo puedo!». Y cuando lo haga, cuando gobierne, tendremos que soportar las consecuencias.

Así como en esta parábola, lo mismo pasa en otras áreas de la vida y hasta en la política. A veces no estamos conformes con los gobernantes que tenemos, pero nos quejamos en lugar de asumir la responsabilidad de provocar nosotros un cambio.

No quiero decir con esto que todos los cristianos deban entrar en política, pero es cierto que las cosas funcionan mejor cuando la gente correcta está preparada y creo que más personas con valores y principios de honestidad deberían involucrarse en asuntos de liderazgo y en el gobierno.

Mi oración es que siempre haya consejeros al lado de personas con autoridad, que se levanten cristianos, líderes y pastores, por todo el mundo, llenos de sabiduría, para traer consejo y luz a aquellos que tienen autoridad.

Yo en lo personal no cambiaría la influencia del poder del evangelio por una influencia política, la cual, a mi juicio, es temporal. Pero sí creo que, en temas de política, el pastor y la iglesia tienen el enorme privilegio de trabajar por los más necesitados y la oportunidad de despertar una conciencia social entre los miembros de la iglesia para ayudar a suplir las necesidades de la gente. ¡El impacto que unidos como iglesia podemos causar en nuestra ciudad es poderoso! Recordemos que fuimos llamados a ser la sal y la luz de este mundo:

> *«Ustedes son la sal del mundo. Si la sal pierde el sabor, ¿para qué va a servir? ¡Sólo para que la boten y la pisoteen por inservible!*
>
> *Ustedes son la luz del mundo. Una ciudad asentada sobre un monte no puede esconderse. Nadie enciende una lámpara para esconderla bajo un cajón, sino que la pone en alto para que alumbre a todos los que están en la casa. ¡Así dejen ustedes brillar su luz ante toda la gente! ¡Que las buenas obras que ustedes realicen brillen de tal manera que la gente adore al Padre celestial!».*
>
> Mateo 5:13-16

El principio de Dios es este: cuanto más sirvas a las personas, más te levantará Dios en autoridad. Pero recuerda: toda autoridad otorgada siempre viene con una responsabilidad y cuanto mayor es la autoridad, mayor será la responsabilidad.

Además, debemos recordar que cuando Dios busca líderes, no busca entre los árboles grandes y orgullosos, sino que busca entre los árboles fructíferos. La Palabra dice que las personas son conocidas por los frutos que llevan y Dios busca personas que lleven fruto para encargarle Su obra.

Yo siempre digo que el mundo se mueve sobre los hombros de hombres ocupados. Si ves a alguien desocupado dentro del reino de Dios, seguramente lo encontrarás sin fruto, porque la verdad es que aquellos que se mueven conforme a la voluntad de Dios siempre van a encontrar algo por hacer.

Por eso, como pastor, yo te aconsejo: si encuentras una necesidad en tu ciudad, haz lo posible por suplirla. O, como suelo decir: «Si encuentras una picazón, ráscala». Hay mucha gente herida, mucha gente necesitada. Cuando estemos dispuestos a servir a otros sin una intención escondida, sin buscar una ganancia personal, entonces ellos nos preguntarán: «¿Por qué haces esto?, ¿por qué sirves?». La respuesta correcta es: «Porque soy cristiano»... Y es ahí donde nos ganaremos el derecho a ser oídos, la posibilidad de tener una voz que traiga palabra de Dios y cambie la vida de las personas.

Filtro 8

CAMINA LA SEGUNDA MILLA

En la parábola de los talentos que encontramos en Mateo 25:14-30, vemos que el que tenía la capacidad de administrar bien dos talentos, al tiempo tuvo cuatro, y el que tenía la habilidad de administrar bien cinco, al tiempo tuvo diez. Por otra parte, al que tenía un solo talento y no supo administrarlo bien, hasta ese talento le fue quitado.

Esta parábola nos habla de lo importante que es saber administrar bien aquello que tenemos en nuestras manos. ¡Todo en la vida depende de la administración! Si administras mal tu tiempo, lo perderás; si administras mal tu dinero, lo perderás; si administras mal tu matrimonio, lo perderás; si administras mal tu salud, la perderás.

> CUANDO DIOS ENCUENTRA A ALGUIEN PRODUCTIVO, LE AÑADE AÚN MÁS CAPACIDAD

Todo lo que administres bien en la vida será promovido y todo lo que administres mal lo perderás, porque Dios siempre te hará regresar al último nivel que administraste bien. Pero cuando Dios encuentra a alguien productivo, le añade aún más capacidad. ¡Mi deseo es que

Dios le aumente las capacidades a cada líder cristiano, especialmente a los que están llevando fruto, para que puedan hacer cada vez más!

Así como funciona con las personas, también funciona con la iglesia. Es por eso que en nuestra iglesia tratamos de ofrecer varios servicios los fines de semana, porque creemos que así podremos alcanzar a más personas con la Palabra. Algunos pastores piensan que esto es muy cansador, ya que no cuentan con demasiada gente para hacerlo. En mi opinión, el domingo es el día más importante de toda la semana, y si eres pastor o líder, ¡es tu deber hacer todo lo posible para llegar a la mayor cantidad posible de personas!

Siempre digo que la iglesia está construida sobre personas que caminan la segunda milla. ¿A qué me refiero? Bueno, si te preguntas por qué tu iglesia no crece, una de las razones puede ser por no dar más opciones a las personas. Por ejemplo, tal vez podrían ofrecer dos horarios de reunión los domingos. A algunas personas les gusta levantarse temprano para ir a la iglesia y después tener la tarde libre; en cambio otros prefieren descansar por la mañana, tomar un buen desayuno familiar e ir a la iglesia más tarde. Si hasta ahora ustedes tienen una sola reunión, estoy seguro de que podrían estirarse para tener dos reuniones cada domingo. Seguramente a cada una van a concurrir menos personas (al menos al principio), pero con esfuerzo verán crecer su iglesia en al menos un 30% en el futuro inmediato. ¡Sé que los pastores, líderes, músicos y todas las personas que trabajan para llevar adelante las reuniones terminarán cansadas, pero Dios las recompensará con un buen descanso en otro momento de la semana!

Por supuesto, si tu iglesia desea crecer en cantidad de gente alcanzada, esto requerirá el compromiso de pastores, líderes y otros obreros que estén dispuestos a hacer un esfuerzo extra y caminar la segunda milla.

Y aquí es donde entra el filtro de este capítulo. ¿Eres tú alguien dispuesto a caminar la segunda milla? Si tu respuesta es sí, entonces debes emplear este filtro en tus decisiones. Cuando tengas que elegir si organizar o participar de nuevos espacios en la iglesia que permitan alcanzar a más gente para Cristo, tendrás que tomar esa decisión recordando tu compromiso de caminar la segunda milla. Esto vale para cualquier trabajo y también para la vida en el hogar. Cuando alguna situación o alguna meta requieran un esfuerzo extra, debes estar dispuesto a caminar la segunda milla si deseas obtener los mejores resultados.

Además, si eres pastor o líder, nunca pierdas la oportunidad de formar otros líderes a tu lado que estén dispuestos a caminar esa segunda milla y puedan asumir más responsabilidades. De esta manera, la carga no descansará sobre una sola persona sino sobre un equipo. Y si finalmente terminas cansado el domingo, ¡Dios te dará otros momentos para descansar! En mi caso, por ejemplo, cuando tengo la oportunidad de viajar a otras ciudades para compartir alguna conferencia, es allí donde encuentro momentos para descansar en el hotel o para seguir preparándome y estudiar. Dios siempre me da esos momentos de refresco.

No lo olvides: Dios busca personas fructíferas para hacer su obra. Lo he visto cientos de veces en la iglesia y también lo aplico yo mismo cuando busco en quién delegar algo. Yo sé que, si le doy una tarea importante a un líder muy ocupado, es probable que la cumpla mucho más eficientemente que cualquier otro al que le sobra tiempo.

Por otra parte, con respecto a las actividades de la iglesia, debemos recordar que si la vid ya no da fruto, hay que cortarla. ¡No sigas manteniendo algo que ya no produce! Recuerda que hay árboles que producen por una temporada, otros por una época y algunos por mucho tiempo más. Así, existen formas de la iglesia que funcionaron con una generación, pero que ya no funcionan con la siguiente. Nosotros tuvimos algunos programas en la iglesia que fueron buenos durante unos años, pero que luego nos vimos en la necesidad de mejorar o incluso eliminar. ¡No tengas miedo de cortar algo que no funciona! A veces esto implica caminar la segunda milla, porque comenzar un nuevo programa o un nuevo proyecto, ya sea en la iglesia o en tu vida personal o laboral, lleva mucho más tiempo y esfuerzo que seguir haciendo aquello que venías haciendo. Pero luego, cuando veas el fruto positivo que se produjo por esa segunda milla que caminaste, ¡estarás feliz de haber aplicado este filtro en tu vida!

Filtro 9

BUSCA QUE OTROS FLORECZCAN

El siguiente filtro está basado en un cuento que dice así:

Había una vez un prado ubicado junto a un hermoso lago. Allí vivía un matrimonio de peces, uno de conejos, uno de ardillas y uno de pájaros. Al llegar la primavera, cada matrimonio tuvo una cría y cada familia fue feliz con su nuevo hijo. Cierto día, conversando los adultos entre ellos, se dijeron: «El bosque en el que vivimos es muy pequeño y el mundo que nos rodea es demasiado grande. Queremos que nuestros hijos crezcan y conozcan más de ese mundo». Entonces, pensando en el futuro de sus hijos, decidieron darles la mejor educación posible. Para eso, uno propuso construir un colegio y contratar a un sabio profesor. Todos estuvieron de acuerdo y gritaron a viva voz que era una excelente idea, pero de pronto se vieron peleando y discutiendo por los cursos que se debían enseñar. El pez decía: «Hay que enseñar natación». El conejo decía: «No, hay que enseñar salto». La ardilla decía: «No, aprender a trepar árboles es lo más importante en la vida». Y el pájaro decía: «No, volar es más importante que todo eso». Y así estuvieron un rato, sin lograr ponerse de acuerdo, hasta que uno dijo: «¿Por qué no enseñamos de todo, para que nuestros hijos tengan una educación completa: nadar, saltar, subir árboles y volar?». Con esto terminó la discusión, ya que todos estuvieron felices.

Luego de un tiempo de preparación, finalmente llegó el primer día de colegio. Cuando mamá y papá conejo dejaron a su hijito en la entrada de la escuela, le dieron un gran abrazo. Estaban orgullosos de su pequeño y el conejito también lucía emocionado y contento. Su primera clase fue de salto. ¡El conejito no podía estar más feliz! Saltó muy bien y sentía que no podía esperar a llegar a casa para contarles a sus padres cuánto le encantaba el colegio. La segunda clase fue sobre trepar árboles. Solo pudo hacerlo con ayuda, sobre todo cuando estos eran más inclinados, pero se dio cuenta de que no era muy bueno en ello. La tercera fue una clase de vuelo. El profesor lo hizo subir a un árbol y le indicó que lo intentara, pero cayó al suelo y, para colmo, su aterrizaje fue desastroso. En la cuarta clase le tocó natación. ¡Pobre conejito! Cuando lo metieron en el lago, por más que lo intentó y lo intentó, no pudo lograrlo. El profesor le repitió las instrucciones una y otra vez, pero fue en vano. Los otros animalitos se rieron del conejito, porque se veía gracioso con sus orejas tan largas, todas mojadas. Cuando terminó el horario de clases, el pobre conejito se fue muy triste saltando hasta su casa. Cuando llegó, les dijo a sus padres: «¡Odio el colegio, no quiero volver nunca más!». Pero ellos le dijeron: «¡Hijito, tienes que ir al colegio! ¡Tienes que tener una buena educación!».

Al día siguiente, los padres acompañaron nuevamente a su hijito a la entrada de la escuela y pidieron hablar con el profesor. Le dijeron: «No sabemos qué pasa con nuestro hijo, no quiere volver al colegio». Entonces, el profesor sacó unas planillas de su archivo y les dijo: «Miren, su hijo es excelente en salto, es mediocre en subir árboles y volar, pero en lo que realmente es terriblemente malo es en natación, así que lo que haremos para ayudarlo de ahora en adelante es enfocarnos en la natación. A partir de hoy, ¡doble clase de natación para él!».

¿Cómo crees que habrá terminado esta historia?

CUANDO ENCONTRAMOS PERSONAS CON ALGÚN DON PARTICULAR, NUESTRO DEBER COMO LÍDERES ES PONERLAS EN EL LUGAR EN EL QUE PUEDAN BRILLAR MÁS

La enseñanza es muy clara, ¿verdad? ¿No sería mejor enseñarle al conejito a saltar cada vez mejor, a la ardilla a trepar árboles cada vez más rápido, al pez a nadar como un campeón y al pequeño pajarito a volar cada día más alto y con más confianza?

Ahora llevemos esta enseñanza a la iglesia. Cuando encontramos personas con algún don particular, nuestro deber como líderes es ponerlas en el lugar en el que puedan brillar más. Las personas que poseen el llamado a orar, que oren. Las personas que tienen el llamado de enseñar a los niños, que estén en la escuela dominical. Y los que tienen el llamado de evangelizar, que evangelicen.

En nuestra iglesia, cuando decidimos cambiar a una persona de lugar de servicio o de ministerio, lo que buscamos es ayudarle a ser más fructífera, para que su vida tenga mayor valor. Para que al final de sus días, al mirar atrás, vea que su vida valió la pena y que cientos fueron bendecidos a través de él. Con esto quiero reafirmar el dicho de que no existe gente fracasada, sino mal posicionada. Dios tiene un lugar perfecto para cada uno y es trabajo del pastor pedir sabiduría para ubicar a cada uno en el lugar donde pueda florecer.

Cuando la gente no está en el lugar correcto, se despierta el domingo y dice: «¡Oh, no! ¡Hoy otra vez me toca dar la clase a los niños!». Esta tarea es una carga para la persona, y cuando algo es una carga no hay vida en ello y se torna difícil dar fruto. Por el contrario, cuando alguien está disfrutando de lo que hace, se despierta el domingo y dice: «¡Qué bueno! ¡Otra vez voy a ver a los niños!». Y de hecho, toda la semana se la pasa pensando en la siguiente clase, preparando sus títeres o planeando cuál será la próxima lección que va a compartir con los niños. ¡Esta persona dará mucho más fruto que alguien que está ahí solo porque el pastor lo envió!

Hay una frase del pastor Brian Houston, pastor principal de la iglesia Hillsong, que me ayudó mucho y que dice así: «Si tienes a alguien bajo tu liderazgo que no está floreciendo, no es su culpa, sino la tuya». ¡Nuestro trabajo es hacer que las personas florezcan! Si alguien bajo mi cargo no está floreciendo, es mi responsabilidad ubicarlo en el lugar donde pueda saltar como conejo.

¡Cuando alguien está en el lugar correcto, no solo da fruto sino que además es más feliz! Y en tu caso, si ahora mismo no estás saltando como conejo, es porque estás mal posicionado... Pero tranquilo, ¡sé que hay un lugar perfecto esperando por ti!

Hay otra enseñanza de Brian Houston que está basada en Salmos 92 (de ahí también surge el logo de la palmera de nuestra iglesia) y dice que los que están plantados en la casa de Dios florecerán, hasta en su vejez tendrán frutos, serán vigorosos, gordos y verdes. Cuando dice «plantado en la casa de Dios», no se refiere a los que simpatizan con la casa o a los que asisten de vez en cuando, sino a los que echan raíces porque están bien plantados.

Entonces, ¿cómo saber si alguien está bien plantado? Viendo cuán profundas son sus raíces y viendo también el fruto que produce. Dios desea que todos en la iglesia florezcan bien y lleven mucho fruto. Si alguien no está floreciendo, el pastor tiene la responsabilidad de ayudarle a encontrar dónde puede servir mejor, porque a cada persona Dios la envió por algo y el deber de quien lidera es ayudarle a encontrar ese propósito.

SI ALGUIEN NO ESTÁ FLORECIENDO, EL PASTOR TIENE LA RESPONSABILIDAD DE AYUDARLE A ENCONTRAR DÓNDE PUEDE SERVIR MEJOR

Me ha pasado que en ocasiones, por el bien de la iglesia y de las personas, he tenido que cambiar de posición algunos líderes, sacándolos de un lugar para ponerlos en otro. Hay algunos a quienes he tenido que moverlos dos, tres, o más veces, hasta encontrar finalmente el lugar donde podían saltar más alto. Al principio, al ser movidos a otra área de la iglesia, muchas personas sienten que han fracasado. Pero luego de un tiempo, al comenzar a saltar como conejos, floreciendo y dando fruto en este nuevo espacio, ellos me agradecen por no haberlos dejado donde estaban.

Este filtro es muy bueno porque nos permite ver a las personas con otros ojos. Nadie es un estorbo, y nadie es un fracaso. Quizás solo están mal posicionados. Como líder, a mí me corresponde observar a la gente de mi congregación y saber que hay un propósito grande para cada uno de ellos. Por eso me pongo en la tarea de buscar en qué área pueden progresar y florecer más. Hay algunos pastores que me dicen: «Yo también quiero una iglesia así, ¿cómo lograste tener esos ministerios?». Y yo respondo: «No fui yo. Fue la gente con talentos que Dios envió a esta iglesia la que nos permitió avanzar». El don de cada una de esas personas, ubicado en el lugar correcto, fue lo que nos dio la oportunidad de crecer.

Al poner cada talento en el lugar adecuado, las personas y las iglesias florecen.

Filtro 10

CAMINO AL CIELO

El filtro que te compartiré en este capítulo es uno que me ha ayudado a desechar las diferencias que Dios permite que existan entre los creyentes (las cuales, lamentablemente, muchas veces nos dividen) y abrazar, en cambio, aquellas cosas que nos unen.

Una de mis definiciones favoritas de «Iglesia» es que somos una familia caminando hacia el cielo juntos. Además, Jesús mismo pidió que seamos uno para que el mundo crea. Por lo tanto, mi objetivo está puesto en buscar la unidad.

Teniendo claro este objetivo, lo he convertido en un filtro para decidir qué hacer cada vez que se me presenta una discusión o un debate.

La Biblia dice que con algo tan simple como creer en el sacrificio de Jesús tendremos vida eterna.

> *«El que cree en el Hijo tiene vida eterna...».*
>
> Juan 3:36 (RVR60)

> *«...si confesares con tu boca que Jesús es el Señor, y creyeres en tu corazón que Dios le levantó de los muertos, serás salvo».*
>
> Romanos 10:9 (RVR60)

Yo creo que Cristo se desvistió de su divinidad en el cielo y se vistió en piel humana aquí en la tierra, llegando como bebé a través de una virgen, que vivió su vida sin pecar, y que fue a la cruz a morir por nuestros pecados. Y acepto su sacrificio como la única manera de encontrar salvación.

El único que salva es Jesús, y si no creemos esto, moriremos. Ahora bien, si tú y yo estamos de acuerdo en esto, entonces estamos caminando juntos hacia el cielo. ¿Por qué habremos de discutir por otras cosas que son de menor importancia?

Cristo Jesús dijo:

> *«...Pues si no creen que yo soy el que afirmo ser, morirán en sus pecados».*
>
> Juan 8:24

Jesús es Dios. Si no creemos en esta verdad, entonces moriremos en nuestros pecados. Es decir que cada uno de nosotros vivirá o morirá según lo que creamos.

Esta declaración de Jesús para mí es un filtro poderoso, y es el que aplico cuando la gente me hace preguntas sobre otras denominaciones, o sobre otras doctrinas, o sobre la enseñanza de tal o cuál pastor. En muchas cosas no estoy de acuerdo con todos los pastores ni con todas las iglesias. Y estoy seguro de que no todos piensan igual que yo en todo, ya que hay diferentes doctrinas y costumbres dentro del pueblo evangélico. ¡Pero mi trabajo no es explorar las diferencias que tenemos, sino gozarme en las cosas que nos unen! Por eso filtro mi respuesta a estas preguntas usando esta verdad.

Así, la pregunta que resulta clave como filtro respecto de este tema es la siguiente: creyendo lo que ellos creen, ¿irán al cielo? Porque si creen en Jesús, de seguro ellos irán al cielo. Y entonces, si Dios va a aceptarlos en el cielo, ¿por qué yo los voy a criticar?

SI DIOS VA A ACEPTARLOS EN EL CIELO, ¿POR QUÉ YO LOS VOY A CRITICAR?

Por ejemplo, yo creo en la plenitud del bautismo del Espíritu Santo (Hechos 2:38), la cual es una promesa para nosotros y para todos los que creen. Yo estoy convencido de que esta promesa es para mí, pero estoy seguro de que en el cielo me veré con algunos que no piensan igual. Entonces, ¿por qué habrá de causar esto divisiones entre nosotros aquí en la tierra?

¿Y qué de los Testigos de Jehová? Pasémoslos por este filtro haciendo la misma pregunta: creyendo lo que ellos creen, ¿irán al cielo? Esta vez la respuesta es *no*, porque ellos no creen que Jesús es Dios. Ellos creen que es Miguel el arcángel, y la Biblia dice que moriremos en nuestros pecados si no creemos que Jesús es Dios.

¿Y qué de los Mormones? Creyendo lo que ellos creen, ¿irán al cielo? Bueno, conozco sobre su doctrina, no solo por mis estudios, sino también porque durante un corto tiempo, cuando yo era un niño pequeño, mi madre me llevó a la escuela dominical de los mormones. Para empezar, ellos no reconocen a la Biblia como la única autoridad, pues tienen otros tres libros donde depositan su fe y en los cuales basan sus creencias: el «Libro del Mormón», «Doctrina y convenios» y «Perla de gran precio». Estos libros declaran, entre otras mentiras, que existe más de un Dios, por lo cual yo creo que ellos *no* irán al cielo.

Por supuesto, oremos por todos ellos, y siempre que sea posible, testifiquémosles sobre lo que significa ser salvos por la gracia y por la sangre de Cristo Jesús.

CUANDO DEJAMOS DE MIRAR NUESTRAS DIFERENCIAS Y EMPEZAMOS A VALORAR LO QUE TENEMOS EN COMÚN, ENTONCES NOS HACEMOS FUERTES

Pero volviendo a las iglesias cristianas, cuando tuve el privilegio de servir como presidente de UNICEP (Unión de Iglesias Cristianas Evangélicas del Perú) aprendí a aceptar y respetar la variedad de tradiciones y culturas que hay en las diferentes iglesias de nuestro país. A veces, estos detalles nos llevan a pensar que la Iglesia está dividida, pero cuando dejamos de mirar nuestras diferencias y empezamos a valorar lo que tenemos en común, entonces nos hacemos fuertes.

> *«Sólo hay un Señor, una fe y un bautismo; y tenemos el mismo Dios y Padre, que está sobre todos nosotros. Él actúa por medio de todos nosotros y está en todos nosotros».*
>
> Efesios 4:5-6

Yo no creo que tenga que estar de acuerdo cien por ciento en todo con los demás creyentes. ¡Ni siquiera estoy cien por ciento de acuerdo con mi hijo, y él no está cien por ciento de acuerdo conmigo! Pero eso no quiere decir que vayamos a pelear o a hablar mal el uno del otro. Solo se puede edificar sobre las cosas que tenemos en común. Por lo tanto, si queremos crecer, tenemos que amar aquellas cosas que nos unen.

Así como me preguntan sobre diferentes doctrinas de pastores, sobre denominaciones, o sobre sectas, algunos también me preguntan qué pienso sobre tal o cuál versión de la Biblia, o si alguna es más correcta o incorrecta. Cuando alguien quiere levantar un debate sobre este tema, yo le guío para que se haga la siguiente pregunta: si una persona lee esta versión de la Biblia, ¿va a ir al cielo? (Y si la respuesta es *sí*, ¿podemos criticar o hablar mal de alguien que va camino al cielo igual que nosotros?).

Evitemos entrar en argumentos que no nos convienen. No perdamos el tiempo distrayéndonos en vanas discusiones sobre lo que nos divide. En cambio, busquemos edificar sobre lo que nos une.

La próxima vez que te sientas tentado de entrar en discusiones que te alejen de otros creyentes, recuerda que estás caminando hacia el cielo con ellos.

Filtro 11

PRIORIDADES

La Biblia dice:

> «*Mas buscad primeramente el reino de Dios y su justicia, y todas estas cosas os serán añadidas*».
>
> Mateo 6:33 (RVR60)

Dios quiere ocupar el primer lugar en tu vida. ¿Por qué? Bueno, sencillamente porque si Él ocupara el segundo lugar, habría algo (o alguien) entre Él y tú. ¡Darle a Dios el segundo lugar en tu vida sería como admitir una tercera persona en un matrimonio!

Ahora bien, sabiendo que Dios desea ocupar el primer lugar en tu vida, la pregunta es: ¿le das tú ese lugar?

Hay ciertas cosas que Dios no puede hacer. Por ejemplo, es imposible que Dios mienta. Dios no puede mentir, porque eso sería ir contra su naturaleza. Otra cosa que Dios no puede hacer es cambiar, ya que en su Palabra Él dice: «*Porque yo, el Señor, no cambio*» (Malaquías 3:6). Nosotros cambiamos constantemente, pero Dios no cambia. Por eso la Biblia dice que Él es el mismo ayer, hoy y siempre.

Sin embargo, Dios examina nuestros corazones porque nosotros sí cambiamos, y el Señor sabe que el corazón del hombre puede enfriarse o endurecerse. En el mensaje a la iglesia de Éfeso en Apocalipsis, luego de que Dios ha probado su corazón, leemos: *«Sin embargo, hay algo malo en ti: ¡Ya no me amas como al principio!»* (Apocalipsis 2:4).

Esa es la razón por la que resulta tan importante establecer este filtro en nuestra vida. Ante cada decisión que debamos tomar, es necesario preguntarnos: «Si decido esto, ¿lo estaré poniendo a Dios primero en mi vida?» o «¿Cuál de estas alternativas lo pone a Dios en el primer lugar?». También debemos hacer un chequeo periódico para estar seguros de que lo estamos poniendo a Dios primero en cada una de las áreas de nuestra vida.

CADA MES DIOS NOS DA LA OPORTUNIDAD DE DEMOSTRAR QUE ÉL ES EL NÚMERO UNO EN NUESTRA VIDA. ESA OPORTUNIDAD SE LLAMA DIEZMO

Por supuesto, es difícil encontrar indicadores objetivos para medir si nuestro amor por Dios se ha enfriado, o cuánto le amamos, pero es interesante saber que cada mes Dios nos da la oportunidad de demostrar que Él es el número uno en nuestra vida. En realidad, hay muchas formas de demostrarlo, pero en este capítulo me quiero enfocar sobre una en particular. Cada mes, cuando tú recibes tu salario, estás parado ante la gran oportunidad de honrar a Dios diciendo: *«Tú eres lo más importante en mi vida»*. Esa oportunidad se llama diezmo.

¿Qué es el diezmo? Diezmo viene de «diez», y representa el diez por ciento de todos tus ingresos. El número diez en la Biblia siempre es un número que habla de pruebas. Fueron diez las plagas de Egipto, diez las pruebas que tuvo que pasar Israel en el desierto, son diez los mandamientos, diez fueron los días que Daniel fue probado con la comida del rey, diez las veces que el salario de Jacob fue cambiado, y diez las vírgenes en la parábola del Nuevo Testamento. Lo que podemos entender en esto es que el diez representa el área donde podemos demostrar que el Señor es el número uno en nuestra vida.

Algunas personas dicen que este asunto del diezmo era válido solo para el Antiguo Testamento, cuando estábamos bajo la ley, y que ahora estamos viviendo en el Nuevo Testamento, bajo la gracia. Pues bien, aplicando ese mismo argumento, ¿qué hacemos entonces con el «No mentiras», «No robarás», etc.? ¿Así que como vivimos en la gracia, resulta que ahora podemos mentir, robar y cometer adulterio? Claro que no, porque no solo se trata de una ley, sino que se trata de *principios* de Dios. Tal como veremos en un momento, la ley nos apunta a Jesús (quien sí pudo cumplir cada letra de la ley), y nos muestra la perfección de Dios y de sus planes, y su amor para con nosotros.

En Éxodo capítulo 13 leemos que Jehová habló a Moisés diciendo:

> *«Conságrame todo primogénito. Cualquiera que abre matriz entre los hijos de Israel, así de los hombres como de los animales, mío es».*
>
> Éxodo 13:2 (RVR60)

Y más adelante el texto continúa:

> *«Y cuando Jehová te haya metido en la tierra del cananeo, como te ha jurado a ti y a tus padres, y cuando te la hubiere dado, dedicarás a Jehová todo aquel que abriere matriz, y asimismo todo primer nacido de tus animales; los machos serán de Jehová. Mas todo primogénito de asno redimirás con un cordero; y si no lo redimieres, quebrarás su cerviz. También redimirás al primogénito de tus hijos».*
>
> Éxodo 13:11-13 (RVR60)

Ahora, observa bien lo que Dios está diciendo, y recuerda que todo esto apunta a Jesús. La Biblia dice que cuando nazca el primero de tus animales será de Dios. Si es un cordero, entonces debes sacrificarlo, y si es un asno, debes redimirlo. ¿Cuál es la diferencia? ¿Por qué hay que sacrificar a algunos y redimir a otros? Sencillo. Un cordero es lo que la Biblia llama un animal limpio, y un asno es un animal inmundo. Para entenderlo mejor, la Biblia dice: si hay un animal limpio, sacrifícalo, y si hay un animal inmundo, redímelo. Ahora déjame preguntarte: ¿cuántos de nosotros hemos nacido inmundos? La respuesta es: ¡todos!

> *«...porque todos hemos pecado y no tenemos derecho a gozar de la gloria de Dios».*
>
> Romanos 3:23

Tú y yo hemos nacido inmundos. ¡Todos los seres humanos hemos nacido inmundos! Pero Jesús es limpio. Él es el Cordero de Dios sin mancha, nacido de una virgen, que Dios usó para redimirnos, porque solo un cordero limpio podía redimir lo inmundo. Y por eso ahora Él tiene la potestad de decir «Mío eres».

Dar nuestros diezmos es una forma de mostrar que le pertenecemos al Señor, y que todo lo que tenemos también le pertenece a Él.

DAR NUESTROS DIEZMOS ES UNA FORMA DE MOSTRAR QUE LE PERTENECEMOS AL SEÑOR

Ahora, quiero explicar esto con una pequeña historia. Supongamos que tengo que hacer un viaje muy largo, por lo que voy a ausentarme del país por tiempo prolongado. Como buen esposo que soy, decido hacer todos los arreglos necesarios para que mi esposa reciba todo lo que necesita a través de tres personas a quienes conozco bien y en quienes confío. Así, me pongo de acuerdo con ellos para enviarles mil dólares por mes a cada uno, con el compromiso de que cada uno de ellos, a su vez, le entregue cien dólares por mes a mi esposa.

Al pasar unos meses, llamo a mi esposa para saber sobre estos hombres. Le pregunto si están cuidando de ella y están cumpliendo con su parte de lo acordado. Entonces mi esposa me empieza a dar un reporte de cada uno, y me dice:

«El primer hombre siempre cumple, y el primer día de cada mes me hace llegar cien dólares en forma puntual».

«El segundo hombre es tan bueno y generoso, que en lugar de cien, ¡cada mes me hace llegar doscientos dólares de forma puntual!».

«El tercer hombre, en cambio, el primer mes me entregó los cien dólares un poco tarde, el segundo mes solo me dio sesenta dólares, el tercer mes apenas cuarenta dólares, y ahora hace un par de meses que no sé nada de él…».

¿Cómo reaccionarías tú en mi lugar?

Algo está claro, y es que no puedo considerar que alguien es mi amigo y me ama si no cuida de mi esposa ni le entrega lo que acordamos.

Y si una persona me dice: «Te amo a ti, Robert, pero a tu esposa no», de seguro esa persona y yo vamos a tener un problema.

Así, si tú dices: «Amo a Jesús, pero no a su Iglesia», estarás en problemas (y más aún sabiendo que Él te dio toda la provisión para que bendigas a su novia, la Iglesia, con lo primero que recibes).

Proverbios 3:9-10 dice:

> *«Honra al Señor con tus riquezas y con los primeros frutos de tus cosechas. Así tus graneros se llenarán hasta reventar, y tus bodegas rebosarán de vino nuevo».*

Yo honro a Dios por todo lo que Él ha hecho en mi vida, y siento que lo menos que puedo hacer es cuidar de su Iglesia.

Ahora mira cómo continúa el pasaje en Éxodo 13:14 (RVR60):

> *«Y cuando mañana te pregunte tu hijo, diciendo: ¿Qué es esto?, le dirás: Jehová nos sacó con mano fuerte de Egipto, de casa de servidumbre».*

En mi caso, desde que aprendí lo que significaba el diezmo, tomé un sobre cada mes y puse la primera parte de mi sueldo en él. No era mucho dinero en ese entonces, pero lo hice. Luego hubo un tiempo en el que usé la chequera, y el primer cheque no fue para pagar el alquiler de la casa, el teléfono o el colegio. El primer cheque fue para mi diezmo. Hoy en día mi diezmo es deducido automáticamente de mi cuenta el primer día de cada mes.

Lo interesante es que, a lo largo de los años, como mis hijos miraban cada vez que diezmaba, tuve muchas oportunidades de sentarme con ellos para contarles que no siempre fui un pastor. Pude contarles que fui un niño de la calle que se escapó de su casa a los 14 años y vivió en un garaje, que en ese tiempo estaba metido en las drogas... Y también pude contarles cómo Dios había sido fiel conmigo y había cumplido su promesa de reprender al enemigo y bendecir mi vida.

¡Dios me ha regalado una familia increíble, una esposa increíble, unos hijos, nuera, yerno y nietos increíbles, y si no fuera por Dios no tendría esta iglesia a la cual amo tanto! ¡Me siento realmente bendecido por el favor de Dios sobre mi vida! Por eso, si Dios me dice que le dé una parte de lo que Él me da, ¿cómo no hacerlo? ¿Cómo no amar y cuidar de su esposa si Él ha sido tan bueno y generoso conmigo?

Enseñar a nuestros hijos (y a las siguientes generaciones) acerca del diezmo es sumamente importante. ¿Por qué? ¡Para que ellos puedan elegir vivir en bendición en lugar de vivir bajo maldición! Mira el siguiente pasaje:

> *«Malditos sois con maldición, porque vosotros, la nación toda, me habéis robado. Traed todos los diezmos al alfolí y haya alimento en mi casa; y probadme ahora en esto, dice Jehová de los ejércitos, si no os abriré las ventanas de los cielos, y derramaré sobre vosotros bendición hasta que sobreabunde».*
>
> Malaquías 3:9-10 (RVR60)

Además, cuando le damos nuestros diezmos Dios promete reprender al devorador:

> *«Reprenderé también por vosotros al devorador, y no os destruirá el fruto de la tierra, ni vuestra vid en el campo será estéril, dice Jehová de los ejércitos».*
>
> Malaquías 3:11 (RVR60)

¡Así es! ¡La promesa de Dios es reprender al enemigo y bendecirnos cuando lo ponemos a Él en el primer lugar!

¿Es Dios el número uno en tu vida? Te invito ahora a que, en oración, revises cada área de tu vida, y si encuentras que en alguna de ellas no le estás dando a Dios el primer lugar, puedas hacer los cambios necesarios, ¡porque Él verdaderamente desea bendecirte!

Filtro 12

SI ACEPTAS LA FILOSOFÍA, ACEPTA LAS CONSECUENCIAS

Este filtro es muy útil para quienes tienen algún tipo de liderazgo en la iglesia, pero también es aplicable a la vida diaria. Tiene que ver con lo que uno cree, porque lo que uno cree siempre tiene consecuencias prácticas.

En este tema, yo utilizo el ejemplo de Darwin. ¿Recuerdas lo que creía Darwin? Él creía que hemos evolucionado de los monos. Entonces, si tú aceptas esta filosofía, también debes aceptar la consecuencia. Si hemos evolucionado de los monos, eso nos convierte en monos con suerte, ¡porque hemos evolucionado más que los demás monos!

Adolf Hitler creía en esta teoría de la evolución, pero además creía en la ley de la selva (el más fuerte elimina a los más débiles). Y como pensaba que él era de una raza superior, creía que tenía el derecho y el deber de eliminar a toda raza «inferior». Así fue como ordenó la matanza de millones de personas, no solo judíos sino también gitanos y otras razas a las que él consideraba inferiores.

Lo mismo podría decirse de Mao Tse Tung, quien creía que su filosofía era superior, y por lo tanto se sentía con el derecho o el deber de eliminar a millones de personas en China.

Y podríamos seguir con Stalin y muchos otros personajes de la historia.

En resumen, volviendo al principio, si aceptas una filosofía debes aceptar también sus consecuencias. ¿Qué tiene que ver esto con la iglesia o con un cristiano?

Bueno, yo recuerdo que cuando le entregué mi vida a Cristo, allá por los años '70, había en la iglesia una creencia de que Cristo vendría pronto (como ladrón en la noche) y por lo tanto la enseñanza de muchas iglesias en ese entonces era: «No estudies en la universidad. Predica la Palabra, ¡porque Jesús viene pronto!».

Ahora bien, por supuesto que creo en la segunda venida de Jesús, ¡pero la Biblia dice que nadie sabe el día ni la hora!

«Ahora bien, nadie, ni siquiera los ángeles, sabe el día ni la hora del fin. Sólo el Padre lo sabe».

Mateo 24:36

De hecho, es curioso, porque la única cosa de la que Cristo dijo que nadie sabrá (el día y la hora), ¡es la única cosa que todos quieren saber!

Volviendo al ejemplo, la filosofía de ese entonces decía que estudiar no era tan importante como predicar... y la consecuencia fue toda una generación de cristianos sin la preparación suficiente como para ocupar lugares altos en los negocios, la administración, la política, etc.

Otra filosofía de esa época era que la música rock era del diablo. Decían que si ponías la cinta al revés escucharías mensajes satánicos (lo cierto es que cualquier grabación que pongas al revés tendrá un sonido extraño), o cosas como que la batería viene de áfrica y que entonces si tenías una batería en la iglesia un demonio africano vendría. También veían mal la guitarra eléctrica, por lo cual la música moderna no era aceptada en la iglesia. La triste consecuencia de esta filosofía es que perdimos toda una generación de jóvenes por no poder usar el tipo de música que a ellos les atraía.

¡Gracias a Dios que hoy en día podemos adorarle con guitarra, batería, piano, y con libertad! Pero la moraleja de todo esto es que tenemos que tener cuidado con lo que creemos, y aprender a discernir cuando una creencia o filosofía es correcta y cuando está equivocada.

Volvamos ahora a la parábola de los talentos, pero esta vez desde otra perspectiva. Si leemos con atención podremos notar que la diferencia entre el hombre que recibió un talento y los otros dos hombres, incluso antes de verse en los resultados, ¡estaba en lo que ellos creían! Fíjate bien: el que recibió un talento creía que su señor era un hombre duro y que cosecharía de donde no sembró, y por creer esto terminó en las tinieblas de afuera (las que representan una vida amarga y triste). Por su parte, los otros dos hombres creían que su señor les estaba dando la oportunidad de crecer… ¡y terminaron creciendo!

Esto me lleva a hacerte la siguiente pregunta: ¿cuál es la imagen que tienes de Dios? ¿Crees que Él está esperando cualquier oportunidad para castigarte? ¿Crees que está enojado contigo? Yo creo que Dios no está enojado contigo. Y Dios no está enojado ni con Lima, ni con Buenos Aires, ni con la ciudad en la que vives. Recuerdo que cuando sucedió el terremoto en México algunas iglesias de las más tradicionales decían: «Esto es un castigo de Dios». Yo creo que no. Creo que Dios ama a México, Dios ama a Lima y a todo el Perú, Dios ama a Chile... ¡Dios ama la ciudad donde vives y no está enojado con ella, ni con los que viven en ella!

Sin embargo, lo que creemos es importante. Si creemos que Dios está enojado, vamos a reflejar a un Dios castigador.

¡Por el contrario, todo lo que hace Dios es amar al mundo de tal manera que envió a su Hijo, y Él no envió a su Hijo para juzgar al mundo, sino para que el mundo sea salvo! Jesús vino a buscar y salvar a un mundo perdido. ¡Yo creo que Dios es Amor, que Dios es bueno!

PRESTA ATENCIÓN A LO QUE CREES, PORQUE LO QUE CREES DETERMINA TU FUTURO

¿Qué es lo que crees tú acerca de Dios? Presta atención a lo que crees, porque lo que crees determina tu futuro.

¡Por eso es tan importante creer correctamente! Porque si tú crees que puedes comer una Big Mac todos los días y no engordar, estas creyendo equivocadamente, y la balanza se encargará de mostrarte la evidencia y las consecuencias de tu manera de pensar. De igual forma, si crees que puedes usar tu tarjeta de crédito desenfrenadamente y que esto no te afectará, estas creyendo equivocadamente otra vez. En este caso, el banco probablemente se encargará de mostrarte las consecuencias.

La Biblia enseña que «señales seguirán a los que creen». Por lo tanto, podemos saber qué es lo que crees por las señales que te siguen. Una manera sencilla de observar esto es ver lo que ha florecido en el entorno del cual eres responsable, porque solo cosechamos aquello que sembramos.

Y si no te gustan las señales que te siguen, solo tienes que cambiar lo que crees. Puede ser un cambio simple como dejar de usar la tarjeta de crédito, o decirle no a cosas que te dañan (como ciertas comidas o las bebidas gaseosas), o puede ser responder más amorosamente a tu esposo o esposa, o no llevar más trabajo a la casa.

Dios vino a este mundo y habló nuestro lenguaje para advertirnos de las consecuencias desagradables de seguir una creencia equivocada o de cometer acciones equivocadas. Dios no desea castigarnos. ¡Él envió a Jesús para rescatarnos, pero también para enseñarnos una nueva y mejor manera de vivir! Jesús vino para enseñarnos a creer correctamente.

Algunos dicen que Dios castiga el pecado, pero no, Dios no castiga. Lo que sucede es que el pecado tiene consecuencias. Lo explico con un ejemplo:

Si hay un perro a un costado de una carretera llena de autos andando a toda velocidad, y este perro quiere cruzar al otro lado, a mí me gustaría hablar idioma perruno y gritarle: ¡no, no lo hagas, porque hay peligro, y yo sé que tú no lo sabes! Si el perro cruza y un automóvil lo atropella, ¿fue acaso porque Dios castigó al perro? No, fue la consecuencia de sus acciones.

¿Qué es lo que crees y por qué lo crees? ¿Qué es lo que haces y por qué lo haces? Una de las definiciones de locura es hacer lo mismo una y otra vez, tratando de llegar a un resultado diferente. Si no te gustan los resultados que tienes hoy, analiza las creencias que te hacen daño y cámbialas. Al hacer este análisis, no te fijes tanto en la letra de la ley como en el espíritu de la ley, porque el mejor filtro que puedes usar es el que se te revela cuando llegas a conocer el corazón de Dios.

SI NO TE GUSTAN LOS RESULTADOS QUE TIENES HOY, ANALIZA LAS CREENCIAS QUE TE HACEN DAÑO Y CÁMBIALAS

Por eso, te animo a evaluar qué está floreciendo en tu huerta, y a arrancar lo que te hace daño y no funciona. ¡Luego empieza a sembrar todo lo que viene de Dios, y tendrás mejores cosechas de las que nunca antes has tenido!

Filtro 13

PATRONES Y PRINCIPIOS

El filtro que voy a compartirte en este capítulo es uno que he compartido decenas de veces, ya que lo encuentro importante y práctico.

Se dice que hay cuatro niveles de inteligencia. El primer nivel es «inteligente», el segundo es «brillante», el tercero es «genial», pero el más alto nivel de inteligencia es «simple». Es increíble cómo hay tanta gente que toma las cosas sencillas y las complica –y esto incluye a algunos pastores– cuando en realidad todo lo que viene de Dios es sencillo.

En fin, este es uno de esos filtros que es increíblemente sencillo de entender.

Voy a explicarlo de la siguiente manera: si yo digo «2, 4, 6, ...», ¿qué sigue? Pues «8, 10, 12», por supuesto. Y si digo «5, 10, 15, ...», ¿qué sigue? Está claro que «20, 25, 30».

¿Y cómo sabemos que sigue «8, 10, 12» en el primer caso y «20, 25 ,30» en el segundo? Porque es un patrón de la matemática. De igual forma, la Biblia nos muestra que todo lo que Dios hace está basado en patrones y principios. Y lo mismo sucede con nuestras vidas.

Si nos fijamos atentamente en los patrones que se han establecido en el pasado, podemos fácilmente predecir lo que vendrá en el futuro. Entonces, si tienes un 8 en tu vida que no te gusta, ¿qué tienes que hacer? ¡Cambiar el «2, 4, 6»! Si tienes un 20 que no te agrada, ¡pues cambia el «5, 10, 15»! Porque así como los patrones funcionan en la matemática, de la misma manera funcionan con la palabra de Dios y también con tu vida. Si haces hoy lo que Dios dijo en el pasado, Él siempre hará lo que prometió en el futuro.

NO PODEMOS SEGUIR VIVIENDO CON LOS MISMOS PATRONES QUE ESTÁN PRODUCIENDO RESULTADOS DAÑINOS PARA NUESTRAS VIDAS

¿Qué conclusión podemos sacar de todo esto? Que no podemos seguir viviendo con los mismos patrones que están produciendo resultados dañinos para nuestras vidas.

Todos tenemos patrones (hábitos, costumbres) que aplicamos aun sin darnos cuenta, pero que resultan perjudiciales para nuestra familia, nuestras finanzas, nuestra salud, o nuestra vida espiritual. Por lo tanto, el primer paso es reconocerlos, y el segundo debe ser cambiarlos. En eso consiste el filtro que trataremos en este capítulo.

Como ya mencioné en la introducción, hay muchas personas que llegan a la iglesia con su vida enredada, y yo les digo: «Dame un año de tu vida para ayudarte». ¿Por qué les pido un año? Porque algunos patrones tardan tiempo en poder cambiarse. ¿Y cómo puedo prometer que su vida será mejor después de un año? Porque sé que si una persona cambia los patrones que aplica, cambian también los resultados que obtiene.

Hay personas que han llegado a mí con lo que yo llamo «un tallarín de problemas», es decir un gran, gran enredo, y me dicen: «Pastor ¿qué puedo hacer?» Ahora bien, yo sé que Dios puede solucionar cualquier problema en un segundo, haciendo un milagro durante la reunión, por ejemplo. Pero he comprobado que la mayoría de las veces Dios utiliza otro método, a través del cual trae una bendición que perdura. Este método es el cambio de patrones en la vida de la persona.

Por eso le explico a la gente que años (o en muchos casos, décadas) de malas decisiones no siempre se pueden resolver con cinco minutos de consejería al final de una reunión. Y por eso les digo: «Dame un año de tu vida, y verás que las cosas pueden cambiar en tu favor». ¿Qué va a pasar en ese año? Simplemente la persona irá aprendiendo nuevos principios de Dios y, al ponerlos en práctica, su vida cambiará.

Casi cada semana encuentro personas que se me acercan al final de una de las reuniones del domingo para decirme: «Pastor, ¡no necesitaba un año! ¡Han pasado tres meses y mi vida está mejor!». Otros ven sus vidas cambiar en seis meses, y algunos se me acercan para decirme: «Pastor, hoy es mi aniversario. Hace justo un año decidí creer y obedecer a Dios». Entonces yo les pregunto: «¿Y, cómo te fue?». Y la respuesta es: «¡Funciona, sí, funciona! Ahora mi vida es totalmente diferente a la que tenía antes. ¡El tallarín de problemas ha desaparecido!».

Por supuesto, nada de esto es mérito mío. Todo es debido a que en nuestra iglesia enseñamos principios sencillos que la gente puede establecer como patrones en su vida, y al ponerlos en práctica, obtienen resultados diferentes a los que obtenían antes. ¡Y es que, como ya mencionamos en otro capítulo, la palabra de Dios es poderosa y nunca vuelve vacía! ¡Siempre cumple el propósito para el cual fue enviada!

Por eso en nuestra iglesia enseñamos la Palabra lo más sencillamente posible, con el único propósito de que las personas que nos visitan puedan entender y aplicar fácilmente un principio a la vez, y logren así establecer nuevos patrones en sus vidas que los lleven a obtener resultados diferentes a los que obtenían antes.

Yo, personalmente, no creo en las maldiciones generacionales. Creo en los patrones generacionales. La Biblia menciona que la maldición de los padres tiene consecuencias hasta la tercera y cuarta generación, y quizás esto pueda causar temor, porque entonces tenemos que preguntarnos ¿qué generación soy yo? ¿Seré la segunda, la tercera, la cuarta...? Por ejemplo, yo sé que mi padre fue un hombre irresponsable. Nunca fue parte de mi vida, tenía hijos con otras mujeres, fue un alcohólico y además murió joven de tanto fumar. Y sé que si yo repitiera sus errores, sería igual que él. ¡Pero yo nací de nuevo en Cristo!

Ahora, quiero explicar bien esto: la ley dice que la maldición de los padres se repite en los hijos, pero Cristo clavó la maldición de la ley en la cruz del Calvario cuando murió allí. Entonces, yo ya no soy ni segunda ni tercera generación. ¡Soy una nueva criatura en Cristo! Lo viejo ya pasó, y la palabra de Dios me enseñó otra manera de vivir. Por eso, tomé decisiones diferentes que mi padre. No tomo, no fumo y tengo una sola esposa, una sola mujer en mi vida a la cual amo y cuido. ¡Tan solo por aplicar estos principios, mi vida es mucho mejor! De hecho, en este momento ya tengo más años que mi padre cuando murió, y quiero vivir por largo rato todavía.

LA LEY DICE QUE LA MALDICIÓN DE LOS PADRES SE REPITE EN LOS HIJOS, PERO CRISTO CLAVÓ LA MALDICIÓN DE LA LEY EN LA CRUZ

Mi padre practicó malos patrones en su vida, y debido a eso acabó teniendo una vida triste y solitaria, alejado de su familia y amigos. Yo, por otra parte, entregué mi vida a Cristo y aprendí nuevos patrones en la iglesia. Fue allí donde aprendí a ser buen esposo, buen padre, buen ciudadano y buen cristiano. También pude observar a buenas familias, y desear tener yo también una familia así. Así, al aplicar patrones diferentes en mi vida, obtuve un resultado diferente al de mi padre.

Otra cosa que la Biblia nos enseña es que si la maldición actúa por tres o cuatro generaciones, ¡la bendición de un hombre justo va hasta por mil generaciones!

Esta es mi oración y mi deseo: que las generaciones después de mí, de mis hijos y de mis nietos no tengan que sufrir lo que yo sufrí. Me refiero a la soledad y la inseguridad que tenía por no haber crecido con un papá en casa, a la pobreza que hay en casa cuando te crías con una madre soltera... Y que ellos no sufran esto es solo posible por el amor de Dios y por mi decisión de cambiar los patrones que mi padre había establecido, para poder alcanzar un resultado diferente.

El libro de Levítico es un buen ejemplo de esto, pues sirvió para establecer nuevos patrones en la vida del pueblo de Dios. Ubiquémonos en la historia: el pueblo de Israel había salido de Egipto luego de cuatrocientos años de opresión, con una mentalidad de esclavos. Ellos habían vivido durante esos cuatrocientos años repitiendo determinados patrones, generación tras generación. ¡Eso es demasiado tiempo para vivir con patrones errados! Entonces, cuando Dios los liberó, vio necesario establecer nuevos hábitos en sus vidas. De hecho, cuando Dios terminó de establecer estas cosas, su pueblo se regocijó, exclamando cuán buenos y ligeros eran esos nuevos patrones sobre sus vidas.

Y así es como Dios siempre actúa. Tomando cuatrocientos años de una vida complicada, y haciéndola simple y sencilla.

Filtro 14

DIOS ES BUENO Y EL DIABLO ES MALO

Voy a referirme ahora a un filtro que me ha ayudado mucho en la vida y que para mí es muy nostálgico porque recuerdo una época en la que era frecuente verlo en *stickers* pegados en los autos: «Dios es bueno y el diablo es malo». Es tan simple que hasta podría decirse que es simplista. Por eso, a veces en la iglesia tomamos este dicho como algo liviano, cuando en realidad es un asunto teológico bien profundo.

Para comenzar, seamos claros: cuando digo que el diablo es malo, es porque el diablo te odia. Hay que entender esto aunque suene duro. ¡El diablo te odia! La Biblia dice que él viene a hurtar, matar y destruir (Juan 10:10). Ahora, piensa en cada una de estas cosas: él quiere robarte, él quiere destruir tu vida y él quiere matarte en la forma más cruel que pueda. El diablo te odia.

Por el contrario, la Biblia dice que las dádivas de Dios, nuestro Padre, son siempre buenas (Santiago 1:17). Sin embargo, cuando afirmamos que «Dios es bueno y el diablo es malo», inevitablemente surge una pregunta: ¿por qué le suceden cosas malas a gente buena? ¿Por qué incluso a los cristianos a veces les pasen cosas malas?

Bueno, a veces suceden cosas malas porque el mundo de hoy en día está herido. No es el mundo que Dios planeó. Muchas de las cosas malas que vemos que suceden son por causa del pecado que hay en el mundo. La Biblia dice que en el mundo van a crecer espinas. En otras palabras, el mundo es terco. Y también hay otras cosas malas que suceden porque, como vimos, el diablo es malo.

Y aquí quiero tomarme un momento para explicar lo siguiente: la Biblia dice en Apocalipsis que el diablo ha venido con gran furia porque sabe que tiene poco tiempo. El diablo sabe que su tiempo es corto. Ahora bien, todos tenemos un pasado, y sabemos que el diablo muchas veces lo usa para acusarnos. La palabra misma, «diablo», es un término legal. Él es como un fiscal que siempre está en tu contra. Para estos casos, yo tengo un dicho que suena liviano y chistoso a la vez, pero que funciona: cuando el diablo te haga recordar tu pasado, ¡tú hazle recordar su futuro!

Pero volvamos a la idea de que el diablo es malo y quiere hacerte daño. Te pongo un ejemplo. En el año 2009 mi esposa contrajo cáncer, un cáncer muy agresivo, y fue un tiempo feo para la familia y para la iglesia. Recuerdo el día en que ella lo anunció a la congregación. Ella cantaba alabanzas en la iglesia, y se puso de pie y dijo: «¿Sabes qué, iglesia? Tengo cáncer y es muy agresivo. Pero yo creo que esto no viene de Dios. No es un castigo de Dios. Yo tengo un enemigo». Esa noche nos quedó grabada a todos en la mente. Yo pedí a la iglesia: «Necesitamos su ayuda en oración. Acabamos de recibir este informe de los médicos que dice que mi esposa tiene cáncer» (y ella tenía cáncer de mama, donde el grado 4 es la muerte, y el suyo ya estaba más avanzado que el 3, es decir, ya había otras partes del cuerpo comprometidas), y ella se paró y dijo: «Dios no envió esto. Yo tengo un enemigo». ¡Dios es bueno! ¡Hay que entender eso, y creerlo! Y es un concepto importante, porque a veces hay cristianos que dicen: «Algo debe haber hecho mal…», o «¿Por qué te ha pasado esto? Debes haber pecado para que te pase algo malo», o «Las cosas malas pasan por una razón», o «Es un castigo de Dios». ¡Noooo, no es así!

Por eso yo digo que es un asunto teológico. Porque debemos tener claro que Dios es bueno y que tenemos un enemigo que quiere hurtar, matar y destruir en la forma más cruel que pueda. Mi esposa peleó, y le tomó siete u ocho años con radiación, quimioterapia y operaciones, ¡pero gracias a Dios hoy día ella está libre de cáncer!

Entonces, volvamos a la pregunta inicial. ¿Por qué le suceden cosas malas a la gente buena? O ¿por qué les suceden cosas malas a los cristianos? La respuesta es: a veces suceden cosas malas porque vivimos en un mundo caído y otras veces porque tenemos un enemigo, el diablo, que nos odia. También suceden cosas malas porque hay gente influenciada por el diablo. Por ejemplo, en un robo, una violación, cuando hay maltrato, o en las guerras en el mundo. Hay muchas personas influenciadas por lo malo de este mundo y por el diablo y por esta influencia suceden cosas malas. Pero tenemos una gran promesa de Dios, y eso es lo que yo amo, que aunque sucedan cosas malas, Dios puede tornar cualquier circunstancia mala en algo bueno.

Dios voltea las circunstancias y las usa para nuestro bien y es ahí donde podemos ver la segunda parte del versículo:

> «...*Yo he venido para que tengan vida, y para que la tengan en abundancia*».
>
> Juan 10:10

Jesús quiere darnos una vida plena, una vida completa, por lo cual sabemos que no estamos abandonados por Dios. Aunque quizás ciertas cosas son permitidas en nuestra contra, Dios lo puede convertir en bendición para nosotros y para su gloria. Romanos 8:28 dice: «... *sabemos que si amamos a Dios, él hace que todo lo que nos suceda sea para nuestro bien...*». En otras palabras, tenemos un enemigo y estamos en una batalla, pero Dios siempre voltea las circunstancias a favor nuestro.

Otro aspecto importante a tener en cuenta es que no estamos (o no deberíamos estar) solos. Yo amo la Iglesia por muchas razones, y una de ellas es que es la única institución que el diablo no puede derrotar cuando estamos juntos. En África, cuando un león quiere atacar a una manada de búfalos, lo primero que hace es tratar de separarlos, porque si se mantienen juntos será imposible hacerlo. Así que su estrategia es siempre tratar de separar a uno de la manada, de aislarlo. Por eso yo siempre les digo a las personas que tengan cuidado. Cuando el diablo te quiera aislar, es porque te quiere comer. El diablo quiere hurtar, matar y destruir, y solo en la manada encontrarás protección.

Ahora viene una pregunta más difícil. Por ejemplo, mi esposa peleó su batalla y hoy día gracias a Dios está libre de cáncer, pero al mismo tiempo, amigos muy cercanos a nosotros murieron por cáncer. Entonces, inevitablemente aparece la pregunta: ¿Y dónde estuvo Dios en esto? O, dicho de otra forma, ¿por qué parece que Dios protegió a algunos y a otros no? Como pastor, son muchas las personas que se me han acercado a lo largo de los años y me han preguntado: «¿Por qué no vino Dios en mi socorro en tal situación, por qué no me ayudó?». Y mi respuesta va de la mano con un filtro que ya vimos antes, y es la siguiente: «No siempre sé todo ni entiendo todo, pero sé que siempre puedo confiar en Dios. Sé que Él es justo. No sé por qué algunos murieron y otros viven. No sé por qué algunos han sido robados y otros han sido protegidos. No lo sé. No sé por qué hay cosas crueles que han pasado, no sé por qué hay niños que han visto cosas que ningún niño debería ver, no sé por qué a veces pasan cosas injustas. Pero sé que de todos modos puedo confiar en Dios».

Nosotros tenemos una casa de refugio llamada «Casa gracia» y allí hay jovencitas que han pasado cosas por las que ninguna jovencita debería pasar. Yo no puedo cambiar la historia ni su pasado, ¡pero sé que Dios puede cambiar su futuro! Dios puede tomar lo malo y hacerlo bueno.

Hay algo que mi esposa siempre declara, refiriéndose a algún dolor o situación que esté atravesando. Ella dice: «Esto es temporal». ¡Y tiene razón! Esta vida es temporal, y es corta comparada con la recompensa eterna que disfrutaremos. Este cuerpo se va desgastando, el tiempo lo va desgastando, el mundo es complicado porque es un mundo caído... pero cuando descansamos en Dios, aun en los momentos en los que no entendemos, entonces tenemos paz porque sabemos cuán grande es su fidelidad.

Mi esposa siempre lo repite, y yo sé que la quimioterapia tuvo consecuencias en su cuerpo. Muchos no saben de esto porque la ven una mujer fuerte, pero yo la veo y noto cuando está con dolor, o cuando le está pasando algo. Pero siempre su confesión es: «Esto es temporal».

Dios es bueno, y creo que podremos caminar con más con más fuerza en esta vida entendiendo esta verdad y aplicando este filtro a todo.

Dios es bueno y el diablo es malo. No culpemos a Dios por las cosas malas que pasan. Sepamos que hay un enemigo en este mundo, y sepamos también que Dios nos envió a este mundo como reconciliadores, para poder ser parte de su plan de restaurar al mundo tal como debió ser.

Además, tengamos siempre presente que la vida es corta en relación con la eternidad, y que en la eternidad vamos a entender mucho más. Mientras tanto, muchas veces lo único que podremos hacer es confiar en Dios... y esto basta. Porque aun a lo malo Él puede darlo vuelta para nuestro bien.

Filtro 15

TROMPETAS

Desde siempre las trompetas han servido para anunciar algo, o bien para alertar sobre algo. Una trompeta en el Antiguo Testamento siempre fue una señal de advertencia. Una trompeta avisa o anuncia que algo va a suceder.

Ahora bien, este es uno de esos patrones que vemos en la Biblia y que nos ayudan a entender cómo es que Dios obra. En el libro de Apocalipsis se hace referencia a siete iglesias, siete sellos, siete trompetas y, finalmente, siete copas. Y es interesante porque en Apocalipsis las trompetas destruyen un tercio de la tierra, mientras que las copas destruyen el 100% de la misma.

Así, aunque muchas personas ven a Dios como un Dios duro o castigador, en estos pasajes vemos que Él usó las trompetas para enviarnos una señal de advertencia, para que podamos corregir nuestros pasos y que de esa manera terminemos nuestras vidas en bendición.

Muchas veces estas advertencias de Dios están dirigidas a la gente del mundo, pues Dios no desea que el mundo se pierda, y a veces también a algunos cristianos que se han enfriado o apartado del camino, o que están entrando en un terreno peligroso o resbaladizo en algún área de sus vidas.

LAS TROMPETAS SON EL AVISO DE DIOS PARA QUE PODAMOS VOLVER AL CAMINO CORRECTO

Las trompetas son como las alertas que suenan antes de un ataque. Son como las luces que están en el tablero de tu automóvil y que se encienden para avisarte que si sigues así algo grave (pero evitable) podría pasar. Son avisos para guardar tu vida y evitar que sigas un camino que de seguro terminará mal. Porque a veces, debemos reconocerlo, sin darnos cuenta nos desviamos un poco. Las trompetas, entonces, son el aviso de Dios para que podamos volver al camino correcto.

Esto es semejante al amor tierno de un padre, que no ejerce castigo a la primera oportunidad en que su hijo comienza a desviarse. Dios, como el Padre bueno que es, siempre empezará diciendo: «Ten cuidado».

Cuando un cristiano cae en pecado, nunca sucede de repente. En general, comienza con un alejamiento del grupo, y con cosas privadas o escondidas que se convierten en pecado. ¡Es en esos momentos cuando Dios envía advertencias! Dios no revelará al mundo entero tu secreto, pero te dirá: «Ten cuidado porque esto no terminará bien».

Recuerdo a un pastor muy importante que tuvo una caída bien triste, que además de traer dolor a su familia y a personas cercanas, trajo varios daños colaterales, afectando muy fuertemente a la iglesia evangélica por un largo tiempo. Sin embargo, antes de que este pastor cayera, creo que Dios le dio suficientes avisos como para evitar el sufrimiento y el dolor que finalmente ocurrieron. Cuando su pecado salió a la luz, y la prensa se ocupó de agrandar todo, las trompetas de advertencia ya habían sonado varias veces antes para mostrarle el error que estaba cometiendo. Incluso cuando un profeta reconocido le dio una advertencia de parte de Dios en privado, este pastor, al creerse más grande que los demás, le respondió: «¿Quién eres tú para darme esta profecía?». Luego continuó con su comportamiento equivocado pensando que nadie se iba a enterar, hasta que lastimosamente salió a la luz pública todo lo que él estaba haciendo.

En este sentido, las trompetas de Dios no son un sonido que anuncia grandes y terribles catástrofes. Simplemente son como la dulce voz de un Dios que nos dice: «Hijos míos, tengan cuidado, porque esto que están haciendo no está bien».

¡Nunca ignores la voz de Dios cuando, de alguna manera u otra, te diga: «Ten cuidado»!

Ahora permíteme hablar un momento de la Iglesia. La Iglesia es la luz del mundo, y cuando la luz brilla en la oscuridad, el conflicto es inevitable. Así que habrá conflicto. Esto es tan cierto como que al levantar una piedra, siempre encontraras insectos debajo de ella. De todos modos, el deber de la Iglesia es brillar siempre, porque somos la luz del mundo. Somos el candelabro encendido que menciona Juan en Apocalipsis. Pero debemos saber que, como el conflicto es inevitable, siempre vendrá oposición, y cuando venga la oposición, nuestra respuesta debe ser siempre la oración, pues la oración es nuestra mejor arma para vencer al enemigo. La venganza o la búsqueda de justicia por nuestra mano nunca será la respuesta.

¿Cómo se relaciona esto con las trompetas? Bueno, si uno estudia los patrones de Dios y observa con cuidado, se dará cuenta que las advertencias de Dios (las trompetas), siempre suenan antes de que la oposición se presente. Una trompeta también avisa de cualquier amenaza que pudiera venir. Cuando nos mantenemos en oración, estamos sensibles para percibir los sonidos de las trompetas que Dios envía.

Como dije al principio, en Apocalipsis no solo hay trompetas, sino que también hay copas: una copa de bendición y una copa de maldición. La copa de bendición está constantemente siendo llenada con las oraciones de los santos, mientras que la copa de maldición está siendo llenada con la maldad o pecado del mundo. Cuando la copa de bendición es llenada, Dios voltea la copa derramando bendición y avivamiento sobre la Iglesia. Es por eso que yo prefiero orar que protestar, porque mientras el mundo está llenando la copa de maldición con sus acciones, yo tengo fe en que Dios volcará bendición sobre nosotros cuando la copa de bendición esté llena.

Dios desea cubrirnos con su gracia y misericordia, y mantenernos fuera de peligro. Tan solo debemos estar atentos a las trompetas y atender a sus advertencias antes de que ya no haya vuelta atrás y las catástrofes sucedan, causando dolor y sufrimiento. Por eso, vale la pena escuchar con atención las advertencias de Dios para que no resultemos heridos nosotros ni tampoco aquellos a quienes amamos y no haya daños colaterales que lamentar.

Ten presente también que las trompetas pueden sonar de múltiples formas: puede ser en forma de un mensaje dominical, la charla con un amigo, tu devocional diario o tu propia voz interna que te indica que no sigas por ese camino.

Mi oración por ti es que puedas abrir tus oídos para oír y tus ojos para ver, y que al reconocer el sonar de las trompetas de Dios, seas lo suficientemente valiente como para corregir el rumbo y regresar al camino correcto. Amén.

Filtro 16

NO SE TRATA DE TI

Este es uno de los secretos que encontramos en la Biblia y habla de cómo tener éxito en la vida. No solo me refiero a éxito como cristiano o en la iglesia. Me refiero a tener éxito de verdad en todos los ámbitos de la vida en los que tú te desarrollas.

¿Cuál es la clave para conseguir esto? Pues es bien sencilla: debes tener más sensibilidad por otros que la que tienes por ti.

Hay un par de versículos que se relacionan con este filtro y lo explican de manera muy clara. El primero tiene que ver con Salomón. Poco tiempo después de la muerte de su padre (el rey David), Salomón, el nuevo rey, ofreció un sacrificio extravagante a Dios. Esto le agradó a Dios, por lo cual le dijo a Salomón que podía pedirle cualquier cosa que quisiera. Salomón hubiera podido pedir fama, dinero o que Dios matara a todos sus enemigos. De hecho, probablemente muchos cristianos de hoy pedirían algo así. «Por favor, Señor, desaparece a mis enemigos de mi vista» o «Por favor, Dios, tú sabes que necesito ese dinero». (¿qué pedirías tú si Dios te ofreciera lo mismo? Si Él te dijera: «Pídeme lo que quieras, cualquiera cosa que sea, y te lo daré», ¿qué elegirías?)

La respuesta de Salomón es muy interesante, porque lo que él pidió fue sabiduría. Y no solo eso, sino que él dijo:

> *«Dame sabiduría, para poder gobernar bien a tu pueblo y para tener un buen discernimiento de lo que es bueno o es malo. Porque, ¿quién con su propia capacidad puede cargar con una responsabilidad tan grande?».*
>
> 1 Reyes 3:9

En otras palabras, lo que Salomón estaba pidiendo era algo que traería más beneficio o bendición al pueblo de Dios que a él mismo. Él entendía que había una necesidad en el pueblo de ser guiados y guardados por su rey, y que esta era una enorme responsabilidad, y por eso le pidió ayuda a Dios para poder ser un buen gobernante. Aquí podemos ver que el corazón de Salomón era conforme al corazón de Dios, porque él estaba usando este filtro de siempre poner a otros primero. La Biblia dice que el Señor se alegró tanto por la petición de Salomón, que no solo le concedió sabiduría sino que agrego aun otras cosas que Salomón no había pedido, como riquezas y honor.

David agradó a Dios porque pensó en los demás antes que en él mismo y también porque entendió que el pueblo que él lideraba no era suyo sino del Señor. Yo como pastor tengo muy claro esto, y siempre le pido al Señor diciendo: «Señor, esta iglesia, este pueblo, no es mío, es tuyo. Por favor, ayúdame a hacer todo lo mejor para ellos, porque ellos son tu pueblo y lo merecen».

Pero este filtro aplica también a cualquier área de la vida. A tu trabajo, a tu familia, a tu comunidad. Sea donde sea, intenta procurar siempre lo mejor para los que están a tu alrededor, porque esto le agrada a Dios.

En el mismo capítulo de 1 Reyes pero unos versos más adelante, encontramos la historia de dos mujeres. Ambas habían estado embarazadas al mismo tiempo y habían dado a luz con unos pocos días de diferencia. Pero una noche había sucedido una terrible tragedia. Mientras dormían, una de las madres aplastó sin querer a su bebé y este murió. Sin embargo, ella cambió el bebé muerto por el de la otra mujer durante la noche, y ahora las dos mujeres decían que el hijo vivo era el suyo y nadie sabía a cuál creerle. Era tan difícil determinar de quien era el bebé que este caso llegó hasta las últimas instancias de la justicia, es decir, hasta la corte del rey. Entonces Salomón (quien afortunadamente había pedido sabiduría) miró a las dos mujeres que reclamaban al hijo vivo como suyo y pidió a un hombre de la guardia que trajera una espada para partir al niño en dos. Al oír esto, la madre verdadera desistió de su reclamo y les suplicó que le entregaran el niño a la otra mujer, con tal de que no muriera. En cambio, la otra mujer estuvo de acuerdo con la solución propuesta por el rey: *«Bien, de esta manera no será tuyo ni mío; que lo dividan entre nosotras»* (1 Reyes 3:26). ¡En ese instante Salomón supo quién era la verdadera madre del bebé!

Ahora, quiero que nos detengamos en un detalle que la mayoría de las veces pasa desapercibido en esta historia. ¿Notaste que al principio del pasaje la Biblia menciona que estas dos mujeres eran prostitutas? Este es un detalle interesante, porque las prostitutas eran consideradas lo más bajo de la sociedad en aquellos tiempos. ¿Y qué nos dice esto? Nos dice que la sabiduría que Salomón pidió no solo era para bendecir o beneficiar a cierta «clase social» o a unos pocos «privilegiados». Salomón pidió sabiduría para poder ayudar a todos sin distinción, ¡incluso a aquellos que eran despreciados por el resto de la sociedad! Salomón no miró mal a estas mujeres ni las juzgó por lo que ellas hacían, sino que las vio como a personas valiosas, porque él entendía que eran hijas de Dios al igual que cualquier otra persona. Ellas eran parte del pueblo de Dios, y era también para ellas que él había pedido sabiduría.

Este filtro nos enseña que no se trata de nosotros, se trata de ellos. Yo creo firmemente que estamos aquí, y que Dios nos escogió y salvó, precisamente para esto: para ayudar y bendecir a un mundo herido.

¿Te has preguntado alguna vez qué pasaría si tu iglesia dejara de existir? ¿Alguien se daría cuenta? ¿La sociedad lo notaría? Es triste, pero en el mundo hay muchas iglesias que viven ensimismadas y cuya desaparición pasaría totalmente desapercibida porque no están afectando a nadie a su alrededor. ¡Debemos recordar siempre que la iglesia existe para ellos! Para los que todavía no conocen el evangelio, para los jóvenes que andan por la vida sin rumbo ni dirección, para las familias que necesitan un toque sanador de Dios. Por eso es importante que cada tanto nos detengamos a preguntarnos: ¿estamos afectando el entorno? ¿De qué manera?

Por esta razón es, además, prioritario que tan pronto alcancemos a alguien, ayudemos a esa persona a quitar el enfoque de sí misma y la orientemos y equipemos para que ponga su enfoque en otros. Este es un gran cambio de perspectiva, pero es necesario para alcanzar la madurez en Cristo.

¡TODOS, SIN EXCEPCIÓN, TENEMOS ALREDEDOR PERSONAS QUE NOS NECESITAN!

También es importante que de vez en cuando nos detengamos y analicemos nuestra propia vida: ¿tengo la mirada puesta en mí mismo y en mis necesidades o la tengo puesta en ellos? Y esto hay que revisarlo periódicamente, porque resulta muy fácil perder el enfoque y volver a centrarnos en nosotros mismos. ¿Que quiénes son «ellos»? Los puedes encontrar fácilmente porque están entre tus amigos, entre tus vecinos, entre los que trabajan contigo... Incluso «ellos» pueden ser tus hijos o tus nietos. ¡Todos, sin excepción, tenemos alrededor personas que nos necesitan!

¿Recuerdas cuál fue la promesa que Dios le hizo a Abraham? Dios le prometió que iba a bendecirlo y que él sería de bendición para muchas personas. Y es que mientras que el hombre busca mejores métodos, Dios busca mejores hombres para bendecir al mundo. Por eso amo a la Iglesia, porque creo que a través de la Iglesia el mundo es bendecido.

Ahora pasemos al segundo versículo que quiero compartirte, que se refiere a Josué entrando a la tierra prometida. Probablemente Josué tendría ya unos ochenta años de edad. Para este tiempo, y teniendo en cuenta su fidelidad al Señor, podríamos pensar que se merecería recibir una buena jubilación y una linda silla mecedora para disfrutar de su vejez en la tierra prometida junto a sus nietos. Sin embargo, Dios le dijo: «Josué, sé valiente, porque *ellos* tienen herencia. Yo les he prometido a *ellos* la tierra. Por lo tanto, no es tiempo de descansar. Pelea tú por *ellos*».

Me imagino que otra persona en el lugar de Josué podría haber pensado: «¿Que pelee yo por ellos? ¡Pero si no voy a sacar ningún beneficio de esto porque ya soy anciano! Por el contrario, ellos serán los que se beneficien. Entonces, ¡que ellos peleen!». Afortunadamente, no había otra persona en el lugar de Josué. Esto me recuerda a un dicho que me gusta mucho, que dice: «Sabio es aquel que planta un árbol cuya sombra jamás disfrutará».

Si lo piensas, Moisés debía haber entrado en la tierra prometida, pero eso no sucedió. Fueron sus hijos quienes lo hicieron. Y aquí viene una gran verdad: «Las batallas que los padres no pelean, los hijos tendrán que pelearlas».

Hay batallas que peleo (pueden ser una costumbre, un hábito o alguna cosa de mi carácter) y me cuesta, pero lo hago para que mis hijos, mis nietos y las siguientes generaciones no tengan que hacerlo.

Mi amigo John Burns tiene un dicho que es muy cierto: «Aquello con lo que me acostumbro a convivir puede ser aquello que destruya a la generación que me sigue». Así que ten cuidado. Quizás solo has domado a tu gigante y lo tienes en una esquina de tu habitación, pero si no lo matas, tus hijos tendrán que hacerlo. ¡Esfuérzate y sé valiente para conseguir la victoria en beneficio de tus hijos y de los hijos de tus hijos!

Hay otra parte en todo esto y es que aunque quizás no coseches de tu siembra, Dios siempre cuidará de ti. El mundo de hoy es un mundo que vive con valores opuestos a la cultura del cielo porque la gente siempre está pensando: «¿Qué ganancia obtengo yo?» o «¿Qué hay para mí si hago esto?». Esa es una trampa del enemigo y es fácil caer en ella. Pero no seamos como el mundo. Al diablo le encanta tenernos atrapados bajo una mentalidad de víctima, pensando: «Ay, pobre de mí. Si me ocupo de los demás, ¿quién cuidara de mí?», cuando en realidad hay una verdad y es que si nos enfocamos en los demás, Dios no permitirá mal alguno sobre nosotros y suplirá todo lo que nos falte.

HAY BATALLAS QUE PELEO PARA QUE MIS HIJOS Y LAS SIGUIENTES GENERACIONES NO TENGAN QUE HACERLO

Pídele a Dios que te dé una sensibilidad especial para ver y cubrir las necesidades de otras personas. Quizás se trate de invertir tu tiempo o de dar una ofrenda de la cual no verás el fruto porque es para alguien que ni siquiera conoces. Hazlo, porque como dice este filtro, no se trata de ti. Se trata de ellos. Y cuando atendemos a los más pequeños o a los marginados de la sociedad, como hizo Salomón, Dios no solo cuida de nosotros, sino que se deleita en gran manera.

Filtro 17

LOS OLVIDADOS

El siguiente es más que un filtro para mí. Es como un mandato. Y diría que en la iglesia que yo pastoreo, esto es lo que define quienes somos como iglesia.

Este es uno de los filtros que es como una directriz en nuestras vidas, y nos ha acompañado a Karyn y a mí por largo tiempo. ¡Esta es la razón que le da sentido a nuestras vidas! La hemos impartido a nuestros hijos y al liderazgo, y es hermoso ver sus frutos en nuestra iglesia, y el impacto que ha causado a lo largo del tiempo.

De hecho, este filtro me acompaña desde hace más de 40 años, lo que lo convierte en uno de esos a los que les guardo mucho sentimiento. Pero para que puedas entenderlo mejor tengo que remontarme a los inicios de mi vida ministerial y compartir contigo una pequeña historia. Muchos me han preguntado cómo es que llegué a Perú. Bueno, aquí te lo explico…

Yo era un estudiante de seminario en San Diego, California, en los Estados Unidos. Mi pastor, quien forjó a este surfista hippie (y doy gracias a Dios por ello) era un hombre que amaba la Palabra y fue muy firme y estricto conmigo. Él era lo que llamamos «un hombre de la vieja guardia».

Fue allí, en el seminario, que Karyn y yo nos conocimos. Yo estaba en mi segundo año cuando ella ingreso. Era la más guapa de todas las chicas, la más simpática, y obviamente la más observada por todos los chicos. Luego de conocernos y de charlar mucho, nos dimos cuenta de que teníamos un llamado parecido: ambos queríamos ser misioneros y dedicar nuestras vidas al Señor y a las naciones.

Fue así como en el año 1978, al recibir la invitación de una misión para ir al Perú, nuestro pastor nos envió, no sin antes recomendar a los pastores de la iglesia que nos recibiría: «Robert y Karyn van como misioneros, pero ellos piensan que es fácil, así que no sean blandos con ellos, trátenlos duro». En efecto, llegamos a las 8 de la noche a Lima, y a las 8 de la mañana ya estábamos en un bus dirigiéndonos hacia Ecuador. Allí estuvimos algunas semanas recorriendo diferentes pueblos, saliendo por las mañanas y volviendo por las noches, totalmente cansados, pero con gozo. Luego, mientras regresábamos a Lima, tuve algunos problemas con la comida. En el seminario nos habían enseñado a respetar la cultura y las tradiciones de los diferentes pueblos, y parte de esto era no despreciar, sino comer siempre lo que nos invitaran. Ahora bien, quiero explicarte que yo tengo una alergia al pescado tan grande, que cuando lo como hasta vomito sangre. Durante todo el viaje de retorno por la costa norte del Perú me invitaron ceviche, así que desde Tumbes hasta Lima me la pasé vomitando sangre todo el camino.

A la mañana siguiente de llegar a Lima salimos de nuevo, esta vez a un pueblo en las alturas, llamado Maracocha, que está ubicado a unos cuatro mil metros sobre el nivel del mar, en la sierra central del Perú. Al llegar a este pueblito, inmediatamente quede enamorado de la gente del lugar, de su comida, y de lo fascinante de su cultura. Al siguiente día viajamos a Huancayo (también en la sierra central) el cual también me encantó, y al día siguiente a un pueblo de Huancavelica llamado Pampas. Fue allí, en Pampas, donde sentí más fuerte que nunca el llamado de Dios y la confirmación de mi llamado personal. En Pampas conocí a un pastor llamado Moisés, que intentaba levantar la única iglesia evangélica del lugar. Él abrió la iglesia siguiendo la voz del Señor, y al igual que el apóstol Pablo, él también fue al mercado a predicar la Palabra, y al hacerlo fue apedreado y dado por muerto por los religiosos del lugar. Alguien se apiado de él, lo levantó, y lo envió en un taxi al hospital. Moisés estuvo en el hospital de Huancayo por 30 días, y cuando estaba por salir, Dios habló nuevamente a su corazón y le dijo: «Regresa a Pampas y levanta mi iglesia». Moisés regresó a Pampas, empezó a predicar, y el alcalde del lugar se convirtió.

Cuando yo escuché esta historia dije: «¡Vaya, quiero conocer a este hombre! ¡Esto es casi como los relatos del libro de los Hechos!». Fui invitado a la iglesia, y recuerdo hasta ahora el día que predique allí. Para ese tiempo ya había 17 convertidos. El piso de la iglesia era de barro, y en la noche se usaban velas porque no había electricidad en el pueblo. Prediqué en inglés, fui traducido al español, y luego al quechua. Los aburrí totalmente, y para cuando terminé de predicar, ¡había hecho dormir a las 17 personas que estaban presentes! (¡Algunos hasta estaban roncando!).

Al día siguiente, antes de retornar a Huancayo, el alcalde de Pampas me invito a desayunar en su casa. Allí pude escuchar más historias sobre los inicios de la iglesia, y sobre cómo, luego de su conversión, el alcalde se había salvado un par de veces de ser apedreado. ¡Una vez más me sentía como viviendo una historia del libro de los Hechos! ¡El pastor, la iglesia, y ahora el alcalde arriesgando su vida por el evangelio! Yo realmente estaba conmovido por todo lo que estaba escuchando. A la hora de despedirme, el alcalde me miró a los ojos y me dijo: «Robert, gracias por venir», a lo cual yo respondí: «Para mí es un honor». Luego él me dijo: «No, Robert, en verdad, gracias por venir», y yo le volví a decir: «El honor es mío». Entonces él insistió: «Robert, en verdad, ¡gracias por venir, porque ahora yo sé que Dios sabe dónde estoy!». «¿Y cómo sabes eso?», le pregunté. Su respuesta fue: «Porque te envió». Ahí entramos en un círculo de «Gracias», «No, es mi honor» un par de veces más, hasta que el pastor Moisés, que estaba escuchando esta despedida, nos interrumpió, diciéndome: «Robert, gracias por venir», a lo cual yo respondí: «El honor ha sido mío». Él me volvió a decir: «No, no, en verdad, ¡gracias por esta aquí!», y otra vez entramos en ese círculo, hasta que él insistió diciéndome: «Robert, en verdad estamos tan agradecidos de tu venida porque siempre que viene algún pastor del extranjero, visita Lima y una que otra ciudad importante del Perú, pero nadie viene hasta aquí. Somos el pueblo olvidado».

Estas palabras nos impactaron tan fuerte, que aquella noche, en la pequeña habitación de un hotel que olía a kerosene, Karyn y yo nos arrodillamos y oramos a Dios diciendo: «Dios, si nos envías al Perú, siempre recordaremos las palabras de Moisés. Siempre estaremos atentos a los pastores olvidados de los lugares más alejados, a aquellos que nadie más ve pero que tú conoces y amas».

Aquel día nos dimos cuenta de que no se trataba de si yo predicaba bien o mal. ¡Quizás hasta podría no predicar! De lo que se trataba, lo que realmente era importante, era que habíamos ido. Que estuvimos con ellos, que comimos lo que nos sirvieron en su mesa, que los escuchamos.

Desde ese entonces, esto ha sido como una directriz para nosotros y para nuestra iglesia. Esta es la razón por la que hacemos lo que hacemos: desde «Servolución», hasta cada evento que organizamos, y cada equipo que enviamos a provincias. Todo esto lo hacemos por pastores como Moisés, que son héroes de Dios para mí. Nuestro único objetivo es llegar, estar, verlos, escucharlos, animarlos y ayudarlos. Y sé que muchos podrían decir: «En vez de viajar, mejor envíales una ofrenda». Pero la Biblia dice: *«De tal manera amo Dios al mundo que envió a su Hijo…»*. ¡Dios envió a una persona! Él no envió un email, ni una caja de provisiones, ni una ofrenda. Por eso, las misiones consisten en ir, en estar, en conocer la cultura del lugar y ver cómo vive la gente allí, para poder ayudarlos de la mejor manera posible.

En lo personal, no puedo estar más que agradecido por la preciosa oportunidad que me da Dios de conocer a tantos héroes en tantos lugares. Hace poco estuvimos donando, como es habitual, sillas de ruedas, y lo hicimos en un lugar bien, bien lejano y bien, bien pequeño. Y mientras estábamos allí, un hombre al que no conocía se me acercó corriendo y gritando: «¡Pastor Robert, Pastor Robert, gracias por bendecirme! ¡Yo fui a las conferencias de su iglesia!». Resultó ser que este hombre era un pastor local, que además tenía un pequeño puesto de bebidas de colores en una de las esquinas de ese pueblito. Al enterarme de esto, decidí tomarme un tiempo para conversar con él y conocer más sobre su historia, sentado a un costado de su carretilla mientras bebía una de las «misteriosas» bebidas que ofrecía.

Más tarde, al regresar a Lima, me di cuenta de que todo ese pesado viaje había valido la pena por el solo hecho de haber conocido a este hombre. Creo que él, al igual que otros cientos de pastores en lugares distantes, son héroes de Dios.

No olvidar a los olvidados. Esa es la motivación que deseo mantener siempre en mi vida y en la vida de la iglesia, y doy gracias a Dios por el equipo de pastores y ministros que tenemos en Camino de Vida, pues ellos también viven bajo esta directriz. Es por eso que ya no solo en Perú, sino en otros países de Latinoamérica, seguimos tratando de llegar a esos pastores que sirven a Dios en lugares alejados. Porque, tristemente, muchas veces los creyentes admiramos tanto a los pastores que son carismáticos y que tienen grandes ministerios y grandes iglesias, que perdemos de vista a aquellos hombres de Dios que están cumpliendo su llamado haciendo un tremendo trabajo en pequeñas iglesias dispersas por todo el mundo.

NO OLVIDAR A LOS OLVIDADOS

Filtro 18

NO TE PONGAS METAS

Este filtro suena algo extraño porque el mundo entero nos vive diciendo: «¡Pon metas! ¡Pon metas!». Pues bien, creo que tu percepción sobre este tema podría cambiar luego de leer este capítulo, sobre todo al enterarte de que este filtro (y otros más que voy a compartirte más adelante) los aprendí de mis conversaciones con John Maxwell, una de las personas más reconocidas del mundo en temas de liderazgo.

John Maxwell ha sido y es mi mentor, y durante nuestro tiempo compartido de mentoreo me ha enseñado algunas lecciones que me conmovieron. Hoy en día él es, literalmente, el hombre más googleado del mundo. Es un hombre famoso, y un experto en su área. Lo que llaman «un gurú de liderazgo». Si no has leído ninguno de sus libros, ¡hazlo ahora mismo! Es más, abandona este libro de filtros y consigue uno de él. Lee todos sus libros si puedes. ¡Estoy seguro de que te van a ayudar tanto como me ayudaron a mí!

De hecho, los principios que Maxwell enseña son tan buenos que nosotros ofrecemos varios recursos de liderazgo en los grupos pequeños que tenemos en nuestra iglesia, en nuestro instituto de liderazgo (IDL) y a través del programa «Sal y Luz», todos basados en los libros que él ha escrito.

En este capítulo voy a compartirte una de las cosas que aprendí en mi primera charla con él. Yo había leído sus libros y había visto sus videos. Sabía que él había sido pastor de una iglesia muy exitosa en Skyline, San Diego, y que al empezar a escribir libros sobre el liderazgo se le había abierto una puerta que lo vinculó con gente de una esfera diferente. Gente del mundo de los negocios, gente dueña de las empresas más importantes del mundo... Incluso empezó a ser considerado como un sabio consejero por los presidentes de varios países.

Pero volvamos a nuestra historia. La primera vez que estuve con John Maxwell en persona cenamos juntos. Ahí estaba yo, algo nervioso por el hecho de estar sentado justo en frente de uno de mis héroes. Él fue muy amable. En determinado momento de la conversación, me miró y me dijo de manera muy directa: «¿Qué quieres preguntarme?». Yo, sabiendo que muchos pastores se sienten intimidados cuando tienen a una persona «reconocida» en su congregación, ya sea un deportista famoso, un artista, un empresario exitoso o un político, le pregunté si él se había sentido temeroso cuando empezó a estar rodeado de esa clase de personas. «Sí, al principio sí», me respondió, «Pero lo superé dándome cuenta de que son iguales a nosotros». Entonces le pregunté: «¿Y fue difícil la transición de pastorear y enseñar en una iglesia cada domingo, a enseñarle a gente de alto nivel, gente con maestrías y doctorados, y CEOs de las empresas más grandes del mundo? Se trata de un ambiente totalmente distinto, ¿te fue difícil este cambio?». Y él me dijo: «Sí». Finalmente le pregunté: «¿Cómo te pones metas?», porque pensé que él se había puesto una meta para poder llegar a estar con gente de alto nivel (de hecho, yo siempre había escuchado que hay que fijarse metas de corto plazo, metas de mediano plazo y metas de largo plazo. Es decir, metas para este año, para los próximos cinco años y metas a diez años). Su respuesta me dejo boquiabierto. «Yo no me pongo metas. No creo en ellas», me dijo.

Yo miré a John Maxwell y, todavía sorprendido, le pregunté: «¿Tú no crees en metas? ¿Acaso no crees en las metas de corto, mediano y largo plazo de las que todo el mundo habla?». Hasta el día de hoy recuerdo sus palabras. El me respondió: «No, Robert. Déjame explicarte. Yo jamás podría haber imaginado estar donde estoy. Si me hubiera puesto esa meta en mi vida, ni en mis más grandes sueños lo hubiera logrado». Entonces lo entendí. El problema de muchas personas es que cuando se ponen una meta, están limitados por sus propios pensamientos acerca de hasta dónde son capaces de llegar. Luego, al alcanzar esa meta, dicen «Listo, ya llegué» y se ponen a descansar, en lugar de ver hasta dónde Dios los puede llevar. ¡Pero Dios siempre nos quiere llevar más allá de lo que soñamos o entendemos! De eso habla Efesios 3:20, cuando dice:

> *«A Dios sea la gloria, pues por su poder eficaz que actúa en nosotros, él puede hacer muchísimo más de lo que nos podemos imaginar o pedir».*

Maxwell continuó diciéndome que él sinceramente no hubiera podido soñar con aconsejar a la gente a la que estaba aconsejando, con enseñar a la gente a la que estaba enseñando y con poder presentarles el evangelio a estas personas. Luego agregó: «Yo tengo una sola meta. Quiero obedecer a Dios todos los días de mi vida. Esa es mi única meta. Hoy me despierto y obedezco a Dios, y mañana trataré de hacer lo mismo que hoy. Esa es mi única meta. Escucha Robert, obedecer a Dios es suficientemente grande y difícil como para complicarlo con otras metas. Entonces, la meta debe ser obedecer a Dios paso a paso, día a día, y ver hacia dónde nos llevará Él».

> OBEDECER A DIOS ES SUFICIENTEMENTE GRANDE Y DIFÍCIL COMO PARA COMPLICARLO CON OTRAS METAS

¡Cuánta razón hay en estas palabras! Cuando uno es joven y soltero, o incluso cuando es recién casado, es difícil ver veinte o treinta años hacia el futuro. Para los jóvenes es muy complicado ver hacia adelante. Y entonces, sin quererlo, en sus vidas se filtran miedos, temores, inseguridades… ¿Cómo será mi vida? ¿Cuál será mi futuro? ¿Tendré trabajo? ¿Me casaré? ¿Seré feliz en mi matrimonio? Todos estos temores generan mucha ansiedad.

Recuerdo que yo tenía temores en mi juventud, como todo el mundo. Sin embargo, también tenía el fuerte deseo de ser misionero, y creo que fue por mi obediencia a Dios en este llamado que se ordenaron todas las demás cosas. Por supuesto, yo solo quería venir a Perú, pero jamás soñé con tener la iglesia que tenemos hoy, ni con hacer junto a Karyn lo que estamos haciendo. ¡Ni siquiera imaginaba que estaría al frente de una iglesia! Karyn y yo no vinimos para plantar una iglesia. Pero ese era el camino que Dios tenía preparado para nosotros y hacia donde nos guio. Como dice el libro de Proverbios:

> *«El corazón del hombre piensa su camino; Mas Jehová endereza sus pasos».*
>
> Proverbios 16:9

Cuando llegamos a Perú, nuestro único deseo era ayudar a los pastores olvidados, servir a la iglesia y ser obedientes a Dios. Esa fue nuestra motivación día a día. Nunca tuvimos otra meta aparte de esa, pero Dios ha sido fiel a cada paso y nos ha regalado la iglesia que hoy disfrutamos.

Los '80 fueron años violentos y complicados en el Perú. Había mucha pobreza, una política inestable, hiperinflación, terrorismo... y también había una iglesia que estaba estancada. En general, no había jóvenes en la iglesia, no había un avivamiento de jóvenes y yo simplemente sentí que lo que Dios había hecho por mí, Él lo podía hacer por los jóvenes del Perú. No fue una revelación espiritual, solo fue una deducción de mi lógica: si lo vi pasar allá, entonces puede pasar aquí. Sin embargo, cuando compartía mi lógica con los pastores, ellos me decían cosas como: «No, aquí somos distintos», «Eso no funcionará aquí», «Aquí los jóvenes son diferentes» o «Las iglesias de aquí no te lo van a permitir». El caso es que llegó un momento en el que me cansé de escuchar que no se podía, y que nunca habría un cambio. Fue entonces cuando sentí la voz del Espíritu Santo que me dijo: «Muéstrales».

Camino de Vida fue plantada para que los jóvenes de la ciudad tuvieran una iglesia en la que pudieran no solo conocer a Dios, sino también ser libres. Hoy en día este sigue siendo nuestro propósito más importante. ¡Ahora nadie me puede decir que no se puede! Ojalá podamos servir de ejemplo y que otras iglesias aprendan y hagan lo mismo. Queremos seguir mostrándoles a otras iglesias que sí se puede.

Por eso creo que este filtro es importante, porque ponerte metas te puede limitar. Ahora bien, quiero dejar en claro que el hecho de que no tengas metas no significa que no tengas ambiciones en la vida. ¡Yo aún tengo deseos muy grandes! Por ejemplo, una de las cosas que más persigo es que quiero entregarle a Dios un Perú lavado en la sangre de Jesús. Quiero entregarle a mis hijos y a la siguiente generación un Perú mejor que el que recibimos de nuestros padres. ¿Será eso posible? ¿Será posible entregarles a nuestros nietos una Latinoamérica limpia de delincuencia, de maltrato, de femicidios, de corrupción, de adiciones y de violencia? Esa es mi oración y en pos de eso trabajo.

¿Y qué hay de ti? Estoy seguro de que hay un montón de lo que yo llamo «picazones» en tu ciudad. ¡Búscalas y ráscalas! Si te fijas con atención, verás que hay un montón de gente necesitada, con distintos tipos de necesidades. Ese es el principio del camino. Como vimos antes, piensa en ellos y no en ti. Sírveles a ellos. No trates de buscar a la gente rica y famosa. Busca a la gente olvidada. Y llegara el momento, como decía la Madre Teresa de Calcuta, en el que si cuidas a la gente que nadie quiere cuidar, Dios te dará la gente que todos quieren.

No trates de imitar a otros. No digas: «Yo quiero ser como ese líder tan popular» o «Yo quiero ser como tal o cual pastor famoso». Solo busca el propósito que Dios tiene para ti y síguelo. Él te ha puesto en el lugar donde te encuentras hoy con un propósito. Para algo estás allí.

Pero recuerda: no te pongas metas. No limites lo que Dios puede hacer contigo y no descanses cuando llegues a donde pensaste que ibas a llegar, ¡porque aún hay más! Simplemente sé obediente a lo que Dios te pida hoy y luego haz lo mismo mañana y pasado y pasado…

NO LIMITES LO QUE DIOS PUEDE HACER CONTIGO Y NO DESCANSES CUANDO LLEGUES A DONDE PENSASTE QUE IBAS A LLEGAR, ¡PORQUE AÚN HAY MÁS!

Confía en que Él ordena tus pasos, obedécele cada día y te sorprenderás viendo hasta dónde Dios te lleva.

Filtro 19

TOMA EL CAMINO MÁS ALTO

Este es un filtro que te va a ayudar a tomar decisiones de una forma muy clara. En inglés sería algo así como «*take the high road*», que significa «toma el camino más alto». En otras palabras, «no busques el camino más fácil». Se encuentra dentro de una categoría especial de filtros a los que denomino «lecciones de vida de John Maxwell», ya que es algo que aprendí en la época en que él fue mi mentor.

Antes de comenzar, tengo que contarte cuál fue el origen de este filtro. Hace muchos años, yo estaba pasando por un momento muy difícil, ya que me sentía traicionado. Como iglesia llevábamos un largo tiempo tratando de apoyar no solo a pastores de provincias del Ande, sino también a misioneros que desean establecer alguna iglesia o ministerio en el Perú. Específicamente, hubo un misionero al que habíamos apoyado para que obtuviera una visa misionera y los documentos legales necesarios para poder formar su asociación aquí en Perú. Entonces, después de haberlo ayudarlo con todos esos trámites (que no son nada sencillos), y no habiendo pasado ni dos semanas, sucedió algo inesperado: ¡él empezó a criticarme y a hablar mal de mí!

Yo estaba sorprendido y decepcionado, y pensaba: «Acabo de ayudarle. ¿Cómo puede hacerme esto? ¿Cómo puede atacarme de esta forma? Tengo que responder. No me puedo quedar callado. ¡Tengo derecho a responderle por lo que me hizo!». Entonces, aprovechando una conversación con John Maxwell, le pregunté: «¿Qué hago cuando alguien a quien he ayudado se comporta de una manera no ética y termina traicionándome?».

Yo sinceramente esperaba que él me respondiera algo como: «La venganza es mía, dice el Señor», o que me mostrara algún versículo que dijera: «Bendícelo con un ladrillo». ¡Esperaba encontrar alguna manera espiritual y bíblica para contraatacar a quien me había hecho daño! Pero John Maxwell tan solo me dijo: «Robert, la gente será bendecida porque tú estás. Así que, déjalos». Y luego cambió de tema porque quería hablarme de otra cosa. ¡Mientras yo solo quería hablar de mi tema, él ya estaba hablando de otro!

Sin embargo, después de esa charla, pasé mucho tiempo pensando en esa frase. «La gente será bendecida solamente porque tú estás, así que, déjalos...». No terminaba de entenderla, hasta que una madrugada Dios me despertó y me hizo comprender lo que John Maxwell había querido decirme. Y esa fue una tremenda lección de vida que luego se convirtió en un poderoso filtro.

Para explicarlo mejor, usaré el pasaje de Lucas 17:11-19, que habla sobre un grupo de personas que estaban enfermas de lepra. Ahora bien, debemos entender que, en los tiempos de Jesús, los leprosos estaban excluidos de la sociedad y de la familia, marcados de por vida con una sentencia de muerte. La lepra era contagiosa (y aún lo es). Además, no hay cura para esta enfermedad. En esa época, un leproso tenía que gritar en voz alta: «¡Inmundo, inmundo!» mientras caminaba, para que no se le acercara nadie, porque si alguien lo tocaba sin que el leproso hubiera gritado sobre su enfermedad, era llevado aparte y apedreado. ¡Simplemente la gente no quería estar cerca de una persona así!

En este pasaje bíblico leemos acerca de diez leprosos que salieron al encuentro de Jesús y le gritaron: *«¡Jesús, Maestro, ten compasión de nosotros!»*. Unos versículos más adelante vemos que todos ellos fueron sanados, pero solo uno volvió a darle gracias a Jesús.

Toda mi vida yo había pensado que los otros nueve hombres eran unos ingratos. ¡Jesús los sanó, les devolvió vida, les devolvió su dignidad, les devolvió a su familia... y ni siquiera regresaron a decirle gracias!

¿Cómo te sientes tú cuando haces algo por alguien y no te da las gracias? ¿Le has dado alguna vez un regalo especial a alguien y ni siquiera te lo ha agradecido? ¿Has hecho un servicio con mucho esfuerzo y ni siquiera te han dicho gracias? ¿No te fastidia eso? Así es exactamente como yo me sentía cuando esta persona, a la que había ayudado tanto, me lo devolvió con un ataque de críticas.

Pero luego entendí que Jesús no condicionó la sanidad de estos leprosos a su nivel de gratitud. Él sanó a los diez aun sabiendo que nueve de ellos nunca regresarían a agradecerle. Y Jesús tampoco los obligó a volver y dar las gracias. Los sanó igual.

La gente que estaba cerca de Jesús siempre fue bendecida.

Los diez fueron sanados porque Jesús estaba ahí.

Esa es la lección que aprendí aquel día con John Maxwell. Yo estaba esperando una respuesta que me garantizara que Dios haría justicia, o algo por el estilo, pero Maxwell solo me contestó: «La gente será bendecida porque tú estás, así que, solo déjalos.»

A partir de entonces, entendí que la gente en Lima será bendecida porque Camino de Vida está allí. La mayoría de los que bendecimos nunca vuelven a decir gracias, pero igual los bendecimos. Incluso lo declaramos: «Vamos a bendecir personas, sin esperar un gracias a cambio».

> SIEMPRE HABRÁ PERSONAS QUE NO TE VAN A DAR LAS GRACIAS. BENDÍCELOS DE TODOS MODOS, PORQUE NO VIVIMOS POR LAS GRACIAS QUE NOS DAN

Si tú tienes una iglesia, o un ministerio, debes entender que siempre habrá personas que no te van a dar las gracias. Bendícelos de todos modos, porque no vivimos por las gracias que nos dan.

Si nosotros solo atendiéramos a los que van a decirnos gracias, solo bendeciríamos al 10% de las personas. ¡Seríamos iguales a los publicanos y los fariseos! Iguales a como todo el mundo se comporta. Sería un intercambio, o como dicen aquí en Perú, un «toma y daca». Si tú me das, yo te doy. Eso no suena a cómo debería comportarse un cristiano, ¿verdad?

No, Jesús no hace eso. Él da sin esperar nada a cambio. Siendo Dios, Él sabía que algunos de los que iba a sanar no regresarían a agradecerle, pero igual los sanó.

Entonces, ¿por qué llamé a este filtro «Toma el camino más alto»?, Porque en ese momento, en mi corazón, yo quería tomar el camino más fácil. Esa persona me había dado un golpe bajo y yo quería devolvérselo. Pero John Maxwell me recordó que había un camino mejor que ese.

Edwin Luis Cole, quien también fue uno de mis mentores y uno de los padres del movimiento de hombres a nivel mundial, me enseñó que hay cuatro niveles de autoridad. El nivel más alto es el espiritual, y luego vienen el moral, el ético y el legal. Ahora bien, la mayoría de las personas responden en el mismo nivel en el que son atacadas. Es decir, cuando son atacadas en el área legal, la tendencia es a responder en ese mismo nivel. Y si son atacadas en el área moral, buscan responder en esa misma forma. Pero hay un camino mejor. Si tan solo pudiéramos dar respuesta a cualquier tema de una manera espiritual, ¡todos ganaríamos!

Hay momentos en los que alguien nos da un golpe bajo y nosotros tenemos que elegir tomar el camino más alto. Debemos ser rápidos en perdonar y responderle de todo corazón con un «Dios te bendiga».

Por algo Jesús nos enseñó que debemos perdonar hasta setenta veces siete. Debemos perdonar tantas veces como sea necesario, aunque esto nos ponga en una posición en la que nos sintamos vulnerables. Probablemente sintamos que nos van a pisotear o que nos van a atropellar, porque en el mundo hemos aprendido que «el que se queda, pierde» y esto no nos parece justo. Pero Jesús nos enseñó a poner la otra mejilla.

No olvidemos que, en el fondo, muchas de las personas que atacan a otras es porque tienen una herida y, como todos sabemos, «gente herida hiere gente». Si nosotros les devolvemos con la misma moneda, lo único que conseguiremos es escalar la situación en lugar de desescalarla, y eso nunca termina bien. Por el contrario, el perdón puede sanar las heridas en la vida de la otra persona. Cuando perdono, ayudo al otro a sanarse y empiezo a ganar un amigo.

Recuerda esto: La gente será bendecida porque tú estás. Ya sea en tu familia, en tu trabajo, en tu vecindario o en tu ciudad. La gente será bendecida porque tú estás, así que, déjalos.

Y no esperes ningún reconocimiento. Solo dale gracias a tu Padre porque Él eligió usarte para ser de bendición.

Ser un instrumento suyo debería ser tu mayor alegría y tu mayor recompensa.

Filtro 20

¿SOMOS AMIGOS?

El filtro que estoy a punto de compartirte es otra de las grandes lecciones de vida que me enseñó John Maxwell, aunque esta vez no fue en el marco de una cena tranquila, sino en medio de una reunión histórica que se llevó a cabo en las oficinas de Bill Bright, en Orlando, Florida. A esta reunión habían sido invitados unos cuántos líderes de la Iglesia Evangélica a nivel mundial, entre los cuales también había algunos pastores de Latinoamérica.

¿Cuál era el motivo de la reunión? Bill Bright tenía la visión y el deseo de ganar mil millones de personas para Cristo. Esa era su meta. Así, junto a John Maxwell, estuvimos por dos o tres días encerrados en estas oficinas debatiendo acerca de si sería posible que la Iglesia dejara de lado logos y egos. ¿Qué pasaría si todos trabajáramos unidos? ¿Sería posible duplicar la cantidad de cristianos a nivel mundial en una generación? También debatimos estrategias, como que cada uno ganara uno, o que cada iglesia plantara otra iglesia.

Cuando vi la gente que estaba en ese lugar, no podía creerlo. Había líderes como Franklin Graham, Luis Palau y Edward Bunkie. Estaba el presidente de las Asambleas de Dios y el de la Convención Bautista. Líderes denominacionales. Personas que nunca habían estado todas juntas en un solo lugar. También había algunos líderes de misiones. Había un pastor llamado Joseph, de la India, que había plantado mil iglesias. Y otro pastor de África que había plantado otras miles más. La verdad, ¡no sé por qué estaba yo en esa reunión! Pero en fin, allí estuvimos encerrados durante días, debatiendo y proponiendo cosas. Era un espacio para compartir ideas y diferentes maneras de pensar, y encontrar unidad.

En la habitación había muchos logos y también muchos egos, porque había personas con ministerios muy, muy grandes. Y la pregunta principal fue: si dejáramos de lado nuestros logos y nuestros egos, ¿podríamos duplicar la Iglesia? Todavía recuerdo que al mirar la habitación pensé: «Sí. Si todas las personas que hay en este cuarto se unen, si todos nos unimos, ¡lo lograremos!».

Al final de estos tres días tan especiales, en los que se compartieron muchas ideas brillantes, John Maxwell tomó la palabra para cerrar el evento y contó una historia...

Él habló de cuando cayeron las torres gemelas en la ciudad de Nueva York y dijo que hoy se sabe que, si se hubieran unido las diferentes áreas de inteligencia de los Estados Unidos, las torres no hubieran caído. En otras palabras, si la CIA, el FBI, el Pentágono, los generales… si todos hubieran cruzado información (ya que cada uno tenía una parte de ella), las torres gemelas no hubiesen caído.

En aquel tiempo, el presidente Bush había oído enseñar a John Maxwell, y entonces lo llamó y le dijo: «¿Me puedes hacer un favor? ¿Puedes enseñarnos cómo trabajar en equipo?»

La forma en la que John Maxwell cuenta la historia es graciosa, porque él recuerda que aterrizó en Washington DC, fue a un hotel y por la tarde pasaron a buscarlo en una van sin ventanas. Le vendaron los ojos, lo llevaron a un lugar secreto y entró por un túnel bajo tierra. Luego caminó por otro túnel, entró a una habitación y recién allí se encontró con «la cúpula»: la cabeza del FBI, la cabeza de la CIA y varios generales y oficiales del ejército. Entonces, uno de los generales del Pentágono (que lo miraba con cara de «me están obligando a hacer esto») le dijo a Maxwell: «Bueno, ya estamos aquí. Ahora enséñanos».

SOLO LOS AMIGOS PUEDEN TRABAJAR EN EQUIPO

John Maxwell solamente los miró. ¿Te imaginas estar en esa situación? Creo que a esa altura yo ya me hubiera tenido que cambiar los pantalones un par de veces. Pero John Maxwell miró a los hombres y dijo: «Okey, está bien, pero antes de empezar tengo una pregunta que hacerles». Ellos respondieron: «Okey». Y entonces Maxwell miró a todos a los ojos y les hizo esta pregunta: «Ustedes, ¿son amigos?». Esperó un momento y volvió a hacerles la misma pregunta: «¿Son amigos?».

Por la tensión que había en la habitación, se dio cuenta en seguida de que no lo eran. Es más, competían entre ellos. Entonces les dijo: «Miren, si no son amigos, no puedo enseñarles cómo trabajar en equipo, porque solo los amigos pueden trabajar en equipo». Y luego les enseñó un poco más acerca de en qué consiste y qué implica realmente trabajar en equipo.

Este principio marcó mi vida, y me hizo pensar mucho en el staff de nuestra iglesia. Recuerdo que cuando volví a la capilla luego de esa reunión, miré a nuestro staff y les pregunté lo mismo: «¿Somos amigos? Sé que queremos trabajar como equipo en la iglesia, pero, ¿podemos? ¿Somos amigos o hay entre nosotros competencia, egos, intereses y ambiciones?»

Y esto me lleva a otro punto que también quiero mencionar. Muchas personas crecieron con la idea de que un líder no puede tener amigos entre sus liderados, porque es difícil que te respeten cuando eres muy amigo de alguien. Esto puede ser cierto en algún sentido, por lo cual es importante que puedas encontrar un buen equilibrio. A veces, demasiada «familiaridad» puede ser contraproducente. Es lo que llamamos «el pecado de la familiaridad».

Fíjate en el ejemplo de Jesús. Él resucitó de la muerte, sanó enfermos, caminó sobre el agua, pero leemos en Marcos 6 que cuando llegó a su pueblo, Nazaret, Él no pudo hacer allí ningún milagro. ¿Por qué? Por la incredulidad de ellos. La incredulidad bloqueó el poder de Dios. ¿Y cuál fue la razón de esa incredulidad? El texto lo dice:

> *«... Y muchos que lo escucharon se quedaron boquiabiertos y se preguntaban: ¿De dónde sacó este tanta sabiduría y el poder para hacer los milagros que hace?, pues es el carpintero, hijo de María, hermano de Jacobo, José, Judas y Simón. Y sus hermanas viven aquí mismo...».*
>
> Marcos 6:2-3

En otras palabras, esas personas estaban diciendo: «¿Cómo puede hacer estas cosas? Yo lo conozco, Él creció aquí, jugaba con mis hijos…».

Entonces, por el propio beneficio de la iglesia, los pastores no pueden abrirse tanto, no pueden tener una amistad íntima con todos sus liderados, porque esto puede abrir las puertas al pecado de la familiaridad. Incluso se hace difícil corregir a las personas cuando hay demasiada familiaridad, porque no saben si les está hablando su pastor o su amigo.

Brian Houston sostiene que: «No es responsabilidad del pastor decir quién es quién; es responsabilidad de la persona que está siendo pastoreado entender con quién está hablando». Sin embargo, hacer esta distinción (¿quién me está hablando, mi amigo o el pastor?) no suele resultarle fácil a la gente y eso puede ocasionar malestares, malentendidos y otros problemas.

Esto no solo sucede en el pastorado, sino que también aplica a otras áreas de la vida. El riesgo de caer en el pecado de la familiaridad existe en las empresas (entre los dueños y sus empleados), en los comercios (entre el supervisor y el resto del personal) e incluso en las escuelas (entre el director y los profesores), por citar solo algunos ejemplos.

Por eso, sea donde sea que te encuentres, debes tener el cuidado de mantener un adecuado equilibrio. Pero eso no debe impedir que tú y tu equipo busquen ser lo suficientemente amigos, por lo menos como para poder trabajar bien juntos.

Así que recuerda este filtro, porque es la pregunta clave que debes hacerte cada vez que quieras trabajar en equipo con otras personas, ya sea en un ministerio, en tu trabajo o en cualquier otro ámbito de la vida. Siempre debes preguntarte: ¿somos amigos? Porque si son amigos, ustedes disfrutarán de trabajar juntos y buscarán el éxito el uno del otro.

¿Deseas formar un equipo ganador? ¡Ser amigos es el punto de partida!

Filtro 21

LECCIONES DE UN NIÑO

Aquí te va otra de esas lecciones de vida que recibí de mis conversaciones con John Maxwell, y que me han ayudado tanto que las he incorporado como filtros para mi vida. A este filtro lo llamo «lecciones de un niño».

Sé que si menciono cinco panes y dos peces, inmediatamente te viene el recuerdo de la alimentación de los cinco mil. Sé que has oído y leído muchas veces sobre esta historia. Pero es precisamente en esa historia en que se basa este filtro, así que acompáñame a descubrir algunos principios que la Biblia tiene para nosotros…

Quizás haya pasado desapercibido para la mayoría de los que estaban allí ese día, pero lo cierto es que esta historia no sería tal sin el rol protagónico de un pequeño niño y su lonchera.

Quiero que te imagines (así como lo hago yo) a este pequeño, preparándose para ir a su escuela como todos los días. Como es habitual, la mami lo despide en la puerta de su casa y le recuerda: «¡No te olvides tu lonchera!». El niño le responde: «¡Ay, mami, no! Soy el único que siempre lleva lonchera». La madre insiste, el niño obedece, y se aleja renegando por tener que llevar algo que otros niños nunca llevan (sé que estoy añadiendo y cambiando cosas, pero déjame contar la historia de esta manera).

El punto es que ese día Jesús estaba enseñando allí cerca, y el niño se paró en el camino a oír lo que el Maestro decía. Había en ese lugar cinco mil hombres, a los que debemos sumarles las mujeres y los niños. Algunos eruditos dicen que es posible que aquel día hubiera entre diez y quince mil personas reunidas alrededor de Jesús.

En determinado momento, los discípulos de Jesús empezaron a preocuparse porque la tarde estaba llegando y le dijeron a Jesús: «Ya has enseñando por muchas horas. Despide a la gente para que pueda irse a comprar algo para comer». Jesús les respondió: «Denle ustedes de comer». En este punto yo me imagino a los discípulos mirándose entre sí y diciendo: «¿Darles? ¿Darles qué? No hemos traído lonchera, y no hay nadie aquí que tenga una». Luego me imagino a los discípulos corriendo de aquí para allá buscando a alguien que tuviera algo de comida… hasta que encuentran a este pequeño cuya madre le había preparado una.

Me imagino a este pequeño parado frente a un grupo de hombres con barba larga (quizás Pedro, Mateo y hasta Judas) que le dicen:

–Oye, niño… ¿qué llevas en esa mochila?

–Mi lonchera.

–¿Y qué contiene?

–Cinco panes y dos peces.

–¿Nos la puedes dar?

Imagina al pequeño niño entregando su lonchera a los discípulos... ¡De esta acción salió un milagro, porque entre diez mil y quince mil personas fueron alimentadas cuando Jesús multiplicó esos panes y esos peces!

Ahora, imagina al niño llegando a su casa más tarde. Seguramente la primera cosa que su mamá le va a preguntar es: «¿Comiste toda tu comida?». ¿Y qué responderá él? «¡Mamá, no te puedes imaginar lo que Jesús hizo con esa lonchera!».

De aquí es de donde yo tomo «la enseñanza de un niño» y es esta: puedes confiar y darle tu lonchera a Dios.

CUANDO DOY, SIEMPRE, SIEMPRE, HAY MULTIPLICACIÓN. HAY MILAGROS

Ahora viene la parte más profunda, porque es la que se aplica a tu propia vida. ¿Puedes confiarle tu lonchera a Dios? ¿Puedes confiarle lo que tienes a Dios? ¿Qué pasa cuando Dios te pide algo y no entiendes el por qué? ¿Qué pasa cuando sabes que es Dios el que te está hablando, pero lo que te pide es algo que te cuesta, un sacrificio o algo que te va a doler? ¿Qué haces entonces?

Si aplicas este filtro en tu vida, la respuesta siempre será la misma: puedes confiar y darle tu lonchera a Dios.

Siempre puedes confiar y darle tu lonchera a Dios. Aunque te parezca que lo que te pide no tiene sentido. Si Dios te está pidiendo algo, puedes confiar en Él y darle tu sacrificio, tu ofrenda, tu tiempo o lo que sea que él te pida.

Luego de cuarenta y tantos años de estar caminando con Dios, yo sé cuándo Dios me está diciendo: «Ayuda a esta persona» o «Da eso a la iglesia». Y muchas veces me digo a mí mismo: «Si entrego esto, me va a doler. Es un gran sacrificio. Voy a estar 'sin eso' por un tiempo». Pero al final de todo, cuando obedezco a Dios, cuando doy, cuando entrego mi lonchera a Dios, siempre, siempre, hay multiplicación. Hay milagros. Cosas maravillosas suceden. Aunque casi nunca es de inmediato. Quizás para otras personas sea distinto, pero en mi caso la cosecha siempre regresa un par de años después. De manera que lo que estoy cosechando ahora es una siembra de hace años. Una siembra que me costó, y por la que tuve que pasar un buen tiempo «sin eso». Pero así es como Dios trabaja conmigo.

El niño de la historia bíblica vio su cosecha esa misma tarde (quizás deberíamos ser más como niños). Pero el punto es este: si Dios te pide algo, solo confía en Él y dale tu lonchera.

Voy a contarte una historia. Es una que he contado muy pocas veces en mi vida, pero lo haré para explicar mejor este filtro.

Yo amo el mar, la playa y surfear. Durante mi primer tiempo de cristiano, cuando vivía en San Diego, hacer surf era una parte importante de mi vida. Como el sol salía a las 5:30, cada día me despertaba muy temprano, a eso de las 4:30, para que a las 5:25 mis pies ya estuvieran en el agua esperando a que el cielo de la costa se ponga de ese color rosadito que me permitiría ver las olas y aprovechar lo máximo posible el mar, ya que a las 7:30 tenía que estar sentado para mi primera clase del seminario bíblico. Con este sistema, siempre disponía de una hora, hora y media, para surfear (y siempre llegaba corriendo al seminario para mis clases).

Podría decirse que todo andaba bien en mi vida. Tenía tiempo para la playa y para el seminario, todo lo que me gustaba. Hasta que un día sentí en mi corazón que Dios me hablaba y me decía: «Vende tu tabla y siembra el dinero». «No. No, mi tabla no», le respondí, porque yo pensaba: «Puedo alabar a Dios y correr olas al mismo tiempo. Es más, ¿en qué otro lugar puedo sentirme tan cerca de Jesús como en el mar?» (eso es lo que dicen todos los surfistas). Sin embargo, sentí fuerte en mi corazón que Dios me dijo una vez más: «Dámelo».

«SACRIFICIO» A VECES SIGNIFICA QUE ALGO DEBE MORIR PARA QUE ALGO NUEVO VIVA

Hoy día ya he aprendido que si Dios me dice: «Dámelo», yo se lo doy. Y sé también que no hay nada que uno le dé a Dios que no regrese con vida. «Sacrificio» a veces significa que algo debe morir para que algo nuevo viva.

Pero en ese entonces pensé: «¿Por qué me pides esto a mí, Señor, si yo me porto bien? Mi vida espiritual está bien, mis estudios están bien...». En fin, me resistí un poco.

Bueno, para ser honesto, me resistí más que un poco. De hecho, estuve un par de meses resistiéndome. Hasta que un día llegué a mi auto y mi tabla ya no estaba allí. ¡Alguien la había robado! En ese momento supe que debería haberle dado mi tabla a Dios.

Estuve casi ocho años sin una tabla de surf. Pero desde el momento en que esa tabla, que había ocupado un espacio tan importante de mi día a día, desapareció de mi vida, comencé a crecer espiritualmente. Comencé a avanzar en mi relación con Dios a un nivel más profundo, aprendí más sobre temas de liderazgo y comencé a ocupar diferentes posiciones de liderazgo en la iglesia, tanto en grupos como en los servicios del domingo.

Desde entonces entendí que la próxima vez que Dios me pida algo, mejor se lo doy. Así incorporé a mi vida el filtro que estoy compartiéndote en este capítulo.

Siempre puedes confiarle tu lonchera a Dios. A veces Dios te pide algo para multiplicarlo y bendecir a otros, como en caso del niño de la historia bíblica; otras veces, te pide algo para ver donde está tu corazón (pero no necesitas saber distinguirlo; cualquiera sea el caso, ¡solo confía en Él y dale tu lonchera!).

Hebreos 12:1-2 dice:

> «*... dejemos a un lado lo que nos estorba, en especial el pecado que nos molesta, y corramos con paciencia la carrera que tenemos por delante. Mantengamos fija la mirada en Jesús, pues de él viene nuestra fe y él es quien la perfecciona...*».

Ahora bien, el pecado es fácil de dejar porque es pecado. Pero hay otras cosas que no son pecado, pero que no nos están permitiendo correr como debemos. Para algunos pueden ser sus redes sociales, la televisión, el trabajo, etc. Para mí fue mi tabla. Y cuando eso fue puesto en el altar (aunque de manera obligatoria, porque me la robaron), mi vida comenzó a avanzar en otros aspectos.

Algunos me preguntan: «Pastor Robert, ¿cómo sabes que es Dios el que te está pidiendo eso y no es el enemigo o alguna distracción del camino, o los frijoles que comiste anoche?».

La respuesta es sencilla. Si esto ayuda a la iglesia, créeme, no viene del enemigo.

En Mateo 12:25-26, Jesús dice:

> *«Un reino dividido acaba por destruirse. Una ciudad o una familia divididas no pueden durar. Si Satanás echa fuera a Satanás, pelea consigo mismo y acabará destruyendo su propio reino».*

El enemigo nunca te va a pedir que ayudes a alguien. Entonces, deja de lado la idea de que esto es del diablo. El nunca te va a decir que ofrendes o que ayudes a otros. ¡En todo caso, te diría que hicieras lo contrario!

Entrégale tu lonchera a Dios. Tal vez empieces con cosas pequeñas, como fidelidad en tus ofrendas y diezmos. Pero luego vendrán momentos en la vida en los que tú simplemente sabrás que Dios te está pidiendo que hagas algo, o que colabores en un determinado proyecto, o que ayudes a una familia que lo necesita. O bien te pedirá que dejes un hábito, que tal vez no es malo y no es pecado, pero que es una distracción que te impide crecer o servirle mejor.

¿Recuerdas cuál fue el segundo filtro que vimos en este libro?

Confía en Dios.

Con Dios nadie pierde.

Entregarle tu lonchera es siempre la mejor decisión.

Hace un tiempo estuvimos predicando mucho sobre un mensaje a la iglesia, y ese mensaje fue: «Todo es alabanza». Y es literal. Todo lo que hacemos trae alabanza a Dios.

Cuando yo veo el equipo de la iglesia, los creativos, el staff, los voluntarios... Dios mío, solo puedo decir gracias, porque cada uno de ellos ha logrado entender que todo lo que hacemos es para Dios.

Esto me impresionó especialmente el año pasado, cuando tuvimos varios eventos grandes seguidos, uno tras otro, y la gente no estaba dando solo la milla extra, ¡sino que estaba derramando su vida en el altar de la iglesia! Incluso me enteré de que hubo voluntarios que no regresaron por algunos días a sus casas, porque tenían que terminar algunos videos para nuestra conferencia «La Sal», además de servir en un evento que se estaba dando a nivel nacional. Cuando vi todo ese sacrificio, entendí que esa había sido la razón por la cual la presencia de Dios había bajado tan fuerte durante la conferencia. ¡El sacrificio derramado por muchos en el altar atrajo la bendición de su presencia!

Estoy agradecido a Dios por la gente que tiene en su corazón ese deseo de sembrar, porque cada vez que damos algo a Dios en el altar, somos como ese niño que confió su lonchera a Jesús.

Y volviendo a ese niño, imagina cómo se sentiría él si pudiera ver hoy que su historia aparece en las Escrituras. Imagina cómo se sentiría aquel hombre al que todavía recordamos porque dio su burro para que Jesús entrara triunfalmente en Jerusalén. Imagina a la mujer viuda que dio dos monedas, todo lo que tenía, en el templo. Sus vidas están en la historia. Su generosidad los puso ella.

La generosidad abre puertas y ciudades. Las manos cerradas nos quitan de la historia.

¿Deseas escribir la historia del futuro?

Confíale tu lonchera a Dios.

Filtro 22

SÉ UNA PERSONA CONFIABLE

Este es uno de esos filtros que yo considero obligatorio. Cualquiera que desee ser un buen líder, un buen pastor o incluso un buen amigo, debe ponerlo en práctica. Se trata de ser una persona confiable y, una vez más, esta es otra de las lecciones de vida que aprendí de John Maxwell.

Hubo un momento en el pasado en el que Dios, a través de su gracia, me abrió una puerta para tener influencia en ciertos niveles, al estar yo en contacto con algunas personas con las que tenía que coordinar la ayuda social que nuestra iglesia estaba ofreciendo. Fue así que conocí a una persona muy importante y famosa, incluso más allá de las fronteras del Perú. Por alguna razón, tuvimos una buena conexión. Esta persona estaba casada y su pareja era más famosa aún. Mientras conversábamos sobre los pasos que podríamos seguir para llevar ayuda a más personas, de repente empezó a contarme cómo estaba su matrimonio y los problemas que estaban teniendo. Esto me sorprendió, y a la vez sentí un enorme peso de responsabilidad por la confianza que esta persona había depositado en mí, así que más tarde llamé a John Maxwell para preguntarle: «¿Qué hago en esta situación?».

El consejo que me dio fue tan importante, que no solo se convirtió en un filtro, sino que hoy en día es un directriz para mi vida. Él me dijo: «*Robert, be safe*», que significa «sé confiable». Sé una persona leal. Sé tan seguro como una caja fuerte.

En las siguientes semanas, seguí en contacto con esta persona famosa y me contó más sobre su matrimonio, sobre su vida, sobre las heridas que tenía y otras cosas que también guardé en mi corazón. No sé si pude ayudarla mucho o poco, pero sí sé que le hizo bien poder hablar conmigo y saber que nadie más se enteraría de lo que me había contado.

La gente encuentra paz cuando puede contar lo que le está pasando. Muchas veces, las personas famosas no van más a la iglesia, porque cuando lo han hecho no han sido protegidas, sino más bien han sido expuestas, y encima el pastor ha usado su fama en beneficio propio (con comentarios como: «¿Sabes quién está viniendo a mi iglesia?» o «¿A que no sabes a quién estoy aconsejando?»), en lugar de cuidar el corazón de esas personas.

Debemos esforzarnos para que las personas «famosas», las personas «influyentes», se sientan seguras y sepan que pueden contar con el liderazgo de la iglesia. Muchas veces, ellos solo quieren tener alguien con quien hablar. Alguien con quien poder tener un estudio bíblico sin que todo el mundo se entere. Hay personas conocidas, y personas en autoridad, que desean permanecer anónimas y seguras de que sus vidas no serán divulgadas en la iglesia y de que no nos aprovecharemos de su «status» para obtener beneficios o prestigio personal. ¡Necesitan iglesias, pastores y líderes en quienes puedan confiar!

De hecho, todos necesitamos tener alguien en quien podamos confiar. Alguien que esté dispuesto a escucharnos y que sepamos que luego no irá a contarles nuestras cosas a otros.

Por eso, no importa si es un artista, un político o un deportista famoso, o si es una persona «común». Cuando alguien comienza a abrirse contigo, solo sé confiable. Jamás compartas lo que te han dicho, porque es muy importante que las personas sepan que tienen un lugar seguro a donde correr cuando aparezcan los problemas.

ES MUY IMPORTANTE QUE LAS PERSONAS SEPAN QUE TIENEN UN LUGAR SEGURO A DONDE CORRER CUANDO APAREZCAN LOS PROBLEMAS

¿Y sabes qué es lo mejor? Que con el tiempo irás creando una trayectoria de confianza. La gente sabrá que eres de confiar y más personas se acercarán para que puedas ayudarlas.

¡El mundo está lleno de gente que busca desesperadamente personas confiables a quienes poder contarle sus problemas y necesidades, y recibir sabiduría, consejo y oración! En tu trabajo la gente necesita alguien confiable con quien poder hablar. En tu vecindario la gente necesita alguien confiable con quien poder hablar. Tu familia y tus amigos necesitan alguien confiable con quien poder hablar. Y en tu iglesia también la gente necesita alguien confiable con quien poder hablar.

La iglesia, en especial, debe ser un lugar de sanidad para gente herida. ¡Necesitamos más pastores que entiendan esto!

Santiago 5:16 dice:

«... confiésense unos a otros sus pecados, y oren unos por otros para que sean sanados...».

Tu salvación ya está ganada, pero para que seas sano necesitas encontrar a alguien seguro a quien puedas confesarle tus pecados.

Conozco pastores que, si una persona les confesara algo que está pasando en su vida privada, primero la disciplinarían en público desde el pulpito, y luego la expulsarían de la iglesia. Obviamente, en estas iglesias nunca nadie confesará nada y nunca serán sanos.

Nosotros, por el contrario, decimos: «La disciplina debe ser siempre en privado; la recompensa, siempre en público».

Por supuesto, ha habido veces en las que no he sabido cómo aconsejar a alguien sobre algún tema en particular. En esos casos, le pedí permiso a la persona para contarle el problema a algún pastor amigo, con el fin de buscar sabiduría, consejo y poder ayudarla de la mejor manera. Pero en el resto de los casos, jamás divulgo aquello que, en confianza, han compartido conmigo.

Hay un chiste sobre este tema. Es antiguo, así que quizás ya lo hayas oído, pero por las dudas, te lo cuento:

Había cuatro pastores en una habitación. Los cuatro estaban leyendo la Biblia y, al llegar a la parte de *«confiésense unos a otros sus pecados»*, se dijeron entre sí: «¿Por qué no lo hacemos?», y todos estuvieron de acuerdo. Entonces, el primero comenzó: «Hermanos, yo tengo un problema con el alcohol. A veces me paso de la raya. Ese es mi pecado». Luego el siguiente dijo: «Hermanos, yo tengo un problema, y es que miro a las mujeres. No he hecho nada, pero a veces los ojos se me escapan». A continuación habló el tercero, y dijo: «Hermanos, yo tengo un problema con el dinero. A veces el dinero me tienta y reconozco que eso está mal». Finalmente llegó el turno del cuarto, y dijo: «Hermanos, de verdad lo siento, pero yo tengo un problema con los chismes, ¡y no puedo esperar a que salgamos de esta habitación!».

SÉ CONFIABLE. QUE TU ÚNICO HONOR SEA PODER DIVULGAR LA PALABRA DE DIOS

Lamentablemente, esto es lo que pasa muchas veces. Por eso, si quieres ser un buen líder o un buen pastor, sé confiable. Especialmente cuando se trate de la vida íntima de una persona. En temas matrimoniales, en temas de restauración, cuando alguien te cuente de sus luchas o pecados, o cuando te hable de su pasado y te cuente sobre sus heridas, sé confiable.

Que tu único honor sea poder divulgar la palabra de Dios.

Para las cosas que te cuenten las personas, mejor sé como una caja fuerte.

Filtro 23

LO QUE VES ES LO QUE RECIBES

¿Recuerdas esa pequeña historia que te conté en uno de los capítulos al inicio de este libro, sobre un buitre y un colibrí?

Ambos salían cada mañana en busca de comida, uno buscando cosas muertas y el otro buscando el dulce néctar de las flores, y al final del día cada uno había encontrado lo que buscaba. Lo mismo sucede con las personas.

Lo que tú ves en las demás personas es lo que finalmente recibes de ellas.

Si logras ver lo mejor de cada persona, te aseguro que recibirás lo mejor de ellas. Pero si solo ves lo peor, entonces eso es lo que recibirás.

SI LOGRAS VER LO MEJOR DE CADA PERSONA, RECIBIRÁS LO MEJOR DE ELLAS

Y es que, en realidad, en las personas siempre hay dos lados. Hay una versión mía que es buena y hay otra que no me gusta mucho.

También hay una versión tuya que es buena y otra que no es tan buena, ¿verdad?

Entonces, cuando miras a las personas, ¿qué es lo que estás mirando? ¿Qué es lo que estás buscando en ellas? Porque si quieres ver lo bueno de cada uno, estoy seguro de que lo encontraras, pero si te propones encontrar algo malo, ¡también lo encontrarás! Porque así como las aves de aquella historia, lo que tú busques será lo que encuentres. Lo que tú veas de las personas será lo que recibirás de ellas.

Esta lección es importante, porque muchas veces nuestra forma de tratar a las personas está condicionada por lo que recibimos de ellas, pero no nos damos cuenta de que lo que recibimos de ellas está condicionado por lo que nosotros mismos buscamos o esperamos recibir.

Si quieres recibir lo mejor de las personas, entonces trátalas bien. Trátalas con gentileza, bondad, amor y gracia, e intenta ver lo mejor de lo que cada una tiene en su interior.

Esto puede aplicarse a tus amigos, a tus compañeros de trabajo o a tus vecinos, pero también a tu círculo más íntimo. Piensa por un momento en tu pareja o en tus hijos...

Los hijos, de hecho, son un ejemplo muy claro de cómo funciona este principio. Con tus hijos, lo que recibas estará siempre vinculado a lo que veas en ellos. Si ves lo mejor, vas a sacar lo mejor. Si solo ves sus errores, todo lo que obtendrás serán cosas negativas.

El problema es que siempre miramos a la gente a través de nuestra propia lente y ni siquiera nos damos cuenta. ¡Cómo los miramos es tan importante!

Por eso, para vivir bien esta vida, siempre mira y piensa lo mejor de la gente.

Y aquí va otro consejo: nunca juzgues a las personas. Sobre todo, nunca juzgues a alguien basándote en una primera impresión, porque quizás esa persona solo ha tenido un mal día, y las cosas no serán como parecen. Yo creo que todos en algún momento hemos tenido un mal día y hasta una mala reacción. ¿Cómo te gustaría ser tratado en una circunstancia así? De seguro, no quisieras ser juzgado sino comprendido, ¿verdad?

Si te fijas, el Señor es tan bueno que Él siempre nos da segundas (y terceras, y cuartas) oportunidades. Si Él, que es perfecto, siempre está dispuesto a perdonarnos y a mirarnos a través de su amor y su gracia, ¡cómo no habremos nosotros de mirar bien a las otras personas!

La palabra de Dios nos enseña en qué clase de cosas debemos pensar:

«Por último, hermanos, piensen en todo lo que es verdadero, todo lo que es respetable, todo lo justo, todo lo puro, todo lo amable, todo lo que es digno de admiración; piensen en todo lo que se reconoce como virtud o que merezca elogio. Practiquen lo que han aprendido, recibido y oído de mí, y lo que han visto en mí. Y obrando así, el Dios de paz estará con ustedes».

Filipenses 4:8-9

Te animo a pensar bien y a buscar siempre lo mejor en las personas, mirando sus virtudes y no sus defectos, ¡y te aseguro que siempre recibirás lo mejor de ellas!

Filtro 24

INFLUENCIA PRESTADA

Todos sabemos que el liderazgo es influencia, y todos también, de alguna manera u otra, tenemos influencia sobre otras personas. También todos podemos hacer crecer nuestra habilidad de influenciar y de liderar a otros.

(Antes de seguir, quiero poner en un renglón aparte esta palabra que se está usando mucho últimamente en las redes sociales. Me refiero a la palabra «*influencer*», que hace referencia a aquellos que son populares en las redes. Aquí no me referiré a ellos en absoluto).

Ahora sí, continuemos.

¿Cómo puede un pastor, o un líder cristiano, ganar influencia? ¿Y cómo debe usarla?

NUESTRA INFLUENCIA SIEMPRE DEBE BUSCAR AGREGARLE VALOR A LOS DEMÁS

Bueno, por empezar, nunca debemos usar nuestra influencia en beneficio propio. Nuestra influencia siempre debe buscar agregarle valor a los demás. Debemos usar nuestra influencia para levantar a otros. Incluso, al levantar a otros, es muy probable que ganemos más influencia, pero esta influencia debe ser usada para seguir levantando a más personas, con el fin de que los que están a nuestro alrededor crezcan y lleguen a otro nivel en sus vidas.

Estos conceptos se convirtieron en un filtro en mi vida luego de una experiencia que mi hijo Taylor tuvo con Edwin Louis Cole, y después de una conversación que tuve con John Maxwell.

Ed Cole, quien fue un héroe y padre espiritual para mi vida, era un hombre muy influyente y tenía la increíble habilidad de hacer crecer a todos los que se acercaban a él. Los hacía crecer, ya sea en su vida espiritual, en su vida personal o en el ámbito público.

Mi hijo Taylor fue uno de los internos del ministerio de Edwin Louis Cole en Texas. Debido a que en ese tiempo él se encontraba delicado de salud, muchas noches Taylor tuvo que dormir al pie de su cama para cuidarlo, sin saber que ya estaba en los últimos meses de su vida. Recuerdo que un día Taylor me dijo: «Papi, debe haber aquí por lo menos cincuenta o más personas que tienen la llave de su puerta». Es decir, él tenía un corazón tan amplio que la gente tenía libre acceso a él, pues los trataba como a hijos espirituales.

En ese momento aprendí una valiosa lección que también tiene una base bíblica. Si te fijas, Juan 14:2 en la versión RVR60 inicia diciendo: *«En la casa de mi padre muchas moradas hay»*, pero en la versión NTV dice: *«En el hogar de mi Padre, hay lugar más que suficiente»*. En otras palabras, ¡en la casa del Padre siempre hay espacio!

Comprendí así que un verdadero padre espiritual siempre tiene espacio para los demás. Hoy hay muchos que dicen ser padres espirituales, o se hacen llamar apóstoles, pero nunca tienen tiempo para sus ovejas. Ed Cole siempre tenía espacio para las personas. Era un don sobrenatural, un talento que Dios le había dado. Él siempre estaba accesible a las necesidades de otros. Decenas de personas tenían su llave y podían entrar y conversar con él libremente y en cualquier momento.

Ahora bien, esta historia también se relaciona con el tema de la influencia, porque la Biblia dice que si tratas a un siervo como a un hijo, al final él va a querer tu herencia. Ed Cole trató a todos como sus hijos, incluyéndome a mí. Yo sinceramente sentí que era un hijo suyo, me sentí especial. Pero también fui lo suficientemente sabio como para darme cuenta de que no era el único. Yo sabía que era uno de entre más de cincuenta, mientras que otros, que creían ser los únicos, decían: «No, yo soy especial, yo soy su hijo». Luego, cuando él murió, algunos comenzaron a «reclamar su parte de la herencia», creyéndose con el derecho de hacerlo. Algunos decían: «Yo soy el que recibió su unción», otros decían «Yo soy el que tengo el llamado de hacer seguir sus pasos». La verdad es que yo tuve que pelearme con muchos de ellos, porque cuando hablé con Ed Cole, él me dijo que quería pasar a su hijo el ministerio, lo cual afortunadamente sucedió, tal como él quiso. Muchos años han pasado desde entonces, y hoy podemos ver que Paul Cole ha hecho incluso más de lo que su padre hizo, lo cual muestra que la decisión de Ed fue acertada.

Sin embargo, al ver todo esto, me di cuenta de que había gente construyendo sobre la influencia de otra persona, gente que estaba construyendo su futuro sobre la influencia de alguien más, sin construir su propia plataforma. Por eso, tiempo después, durante una conversación con mi mentor John Maxwell, le pedí lo siguiente: «Háblame sobre la influencia, porque he visto que algunos están tomándola de otros (podríamos decir que están robando la influencia), mientras que otros saben que la influencia que tenían era prestada». John Maxwell me dijo algo que fue como una perla de sabiduría: «Robert, lo mejor que puedes darle a alguien es tu influencia. Préstala, pero nunca la regales».

Regalar influencia es como firmar una garantía por otro ante el banco. Si ellos no pueden pagar el préstamo, tú lo terminarás haciendo. Es decir, si yo le regalo mi influencia a alguien y este fracasa, yo seré el que pagará la cuenta. Pero si yo le presto mi influencia, es decir, se la doy por un tiempo, puedo venir en cualquier momento a preguntarle: ¿Qué has hecho con lo que te presté?, así como el Señor lo hizo en la parábola de los talentos.

Es importante entender esto también desde el otro lado, desde el lado de quien recibe influencia de otro. Cuando recibas influencia, tómala siempre como si fuera prestada. La influencia prestada es para ayudarte a crecer, pero no lo olvides, es prestada. Recuerda que tú no construiste esa plataforma; fue construida por otro y te la prestaron para ayudarte a crecer. Si fracasas, te la pueden quitar, porque no has aprendido a usarla.

Una influencia robada o mal usada es como cuando una persona está en una entrevista laboral y se presenta como cristiana ante su empleador, que piensa: «Ah, entonces debe ser honesto, debe ser trabajador, fiel, leal, debe ser una persona íntegra». Esta persona está usando el nombre de Cristo para conseguir el trabajo (influencia prestada), pero si luego llega tarde a su trabajo porque dice que tuvo que orar o leer su Biblia, su empleador va a pensar: «Contraté a este hombre porque me dijo que era cristiano, sin embargo me engañó, porque usó el nombre de Dios para su propio beneficio». Es decir, no honró el nombre que usó para conseguir el empleo.

Creo que si el pastor de una iglesia recibe una influencia, debería usarla con la gente que está levantando, con sus hijos espirituales, porque hay liderazgos que ayudan a las personas a levantarse en la vida, a crecer. Pero debería darles esta influencia solamente como un préstamo. Por ejemplo, si alguien dice: «Yo soy de Camino de Vida», y luego da un mal testimonio una, y otra, y otra vez, llegará un momento en que yo le diré: «Por favor, no menciones más el nombre de la iglesia, porque estás rebajando un nombre que nos ha costado levantar y mantener».

Pero también creo que cada pastor tiene que entender que es su deber levantar hijos espirituales, porque su trabajo es temporal. Todos vamos a hacer una transición algún día. Nosotros solo somos mayordomos. Pero como pastor, yo no morí por nadie. Cristo murió por todos. Yo solamente intento acercarlos a Él. Y tengo el privilegio de enseñar su Palabra, que es poderosa y nunca vuelve vacía, pero jamás puedo usar la influencia que esto me da en beneficio propio. Siempre debo hacerlo para beneficio de otros, para levantar a los demás. Camino de Vida no es del pastor Robert, es de Cristo. Y todos sabemos que algún día tendremos que rendirle cuentas a Él por la forma en la que administramos todo aquello que nos dio para administrar, incluida la influencia.

Un buen ejemplo, en otro ámbito, es Gastón Acurio, un reconocido chef peruano que empezó sin influencia, pero luego de algún tiempo, a través de un programa de televisión, empezó a ir a diferentes puestos de comida y a pequeños restaurantes buscando divulgar la cocina peruana, y su influencia fue creciendo, al punto que los lugares que él recomendaba en su programa, al siguiente día se llenaban de gente que hacía cola para poder entrar. Él prestó su influencia, su plataforma en televisión, para levantar a otros, y levantando a otros al final él se convirtió en una eminencia aquí en el Perú.

LA IGLESIA NO ESTÁ PARA HACER FAMOSO A UN PASTOR O A UN GRUPO DE MÚSICA. LA IGLESIA EXISTE PARA HACER FAMOSO A CRISTO

Yo sé que nuestra iglesia Camino de Vida tiene algo de influencia en Perú y en Latinoamérica, y por eso siempre oro: «Señor, dame sabiduría para usar esta influencia con el fin de bendecir y levantar a otros». Yo no quiero levantar mi nombre, mi ministerio o mi plataforma. No. La iglesia no está para hacer famoso a un pastor o a un grupo de música. La iglesia existe para hacer famoso a Cristo.

Nosotros simplemente tenemos el privilegio de trabajar y de ser usados por Dios para bendecir a otros, para ser la respuesta a la oración de alguien, para suplir las necesidades de aquellos que sufren. Y cuando la iglesia bendice a las personas o a la sociedad, es Jesús quien recibe la gloria.

Pídele a Dios que te dé más influencia y liderazgo para levantar a otros, y para llegar a más personas y poder conducirlas hacia Cristo Jesús. De eso se trata todo. Esa es la verdadera meta.

Filtro 25

UNA IGLESIA QUE BENDICE

Déjame resumir la importancia de este capítulo en una sola línea: yo creo que si un pastor toma el filtro que voy a presentarte aquí y lo aplica a su iglesia, inmediatamente será un mejor pastor, y su iglesia será una mejor iglesia.

Tengo un dicho que va con este filtro: «La diferencia entre una buena iglesia y una secta, no es la forma como te reciben, sino la forma como te despiden». Todos sabemos que cuando ingresas por primera vez a una iglesia te reciben con los brazos abiertos y bienvenidas de todo tipo. Pero cuando sales de una iglesia, la manera como te despiden determina si estabas en una secta o no.

Si cuando te despides ellos te dicen: «Entendemos que te estás yendo a otro lugar, deseamos que te vaya bien y que Dios te bendiga», esa es una señal de que son una buena iglesia. Si, en cambio, te dicen: «Si te vas de esta iglesia todo va a salir mal en tu vida, en tu trabajo, en tu familia» (aunque suene fuerte, te están «maldiciendo»), entonces puedo asegurarte que esa no es una iglesia sana.

Lamentablemente, hay muchas de estas. Demasiadas veces he tenido que escuchar historias de personas que vinieron diciéndome: «Pastor, cuando salí de mi iglesia anterior, los pastores y líderes me dijeron que nada me saldría bien». A esto yo le llamo simplemente «hechicería cristiana» (es una frase contradictoria, pero tristemente existe). Hay personas que llegaron a nuestra iglesia con tantas heridas y dolor que fue necesario mirarlas a los ojos y decirles: «Escucha, si te han maldecido al salir de la iglesia anterior, yo rompo esa maldición ahora mismo en el nombre de Jesús». En más de una ocasión he tenido gente llorando solo porque dije: «Yo rompo esta maldición, porque no es conforme con el espíritu de Cristo».

Los pastores y líderes debemos anhelar siempre lo mejor para las personas y debemos entender que las personas vienen y van, y que esto es parte de la vida. El objetivo es que ellos florezcan donde Dios desee plantarlos. Yo tengo la esperanza de que si una persona, aun cuando esto me duela, se va de nuestra iglesia, pueda florecer en otra. Y luego Dios traerá personas que necesiten lo que nuestra iglesia tiene y que puedan florecer aquí.

Hace algunos años, estando en México junto a Wayne Myers (quien es una leyenda), estaba en un panel en medio de una conferencia y alguien nos hizo esta pregunta: «¿Qué hacemos cuando alguien se va de nuestra iglesia a otra?».

Hay algo que yo siempre digo, y es que no puedes pastorear a alguien que no quiere estar contigo. Cada oveja conoce la voz de su pastor. Así que yo les digo a las personas: «Si la voz que escuchas en mí no es la de tu pastor, entonces busca la voz de tu verdadero pastor».

NO PUEDES PASTOREAR A ALGUIEN QUE NO QUIERE ESTAR CONTIGO

En cuarenta años que llevo como pastor de Camino de Vida, he visto gente que va y que viene, pero siempre recuerdo que las ovejas no son mías. Las ovejas son de Jesús. Yo no morí por nadie, fue Jesús. Y mi trabajo pastoral es temporal. Yo solo tengo que llevar a las personas a Jesús. Sin embargo, no puedo pastorear bien a alguien que no oye mi voz, o a quien no le gusta el tono de mi mensaje. Por eso yo siempre les digo a las personas: «Si yo no soy tu pastor, o si Camino de Vida no es tu iglesia, no hay problema, porque de seguro habrá algún otro lugar para ti. Yo sé que Dios va a juntar conmigo a la gente que oye mi voz y que dice: 'Esta es la voz que yo quiero seguir'. Pero mi deseo es que todos florezcan, y si esto va a suceder en otra iglesia, ¡entonces anda y florece en ella!».

LAS OVEJAS NO SON MÍAS, SON DE JESÚS. YO NO MORÍ POR NADIE, FUE JESÚS

De todas maneras, me gustó mucho cómo Wayne Myers respondió esta misma pregunta, porque tocó un tema que también es cierto. Él dijo: «Pastor, si usted solo tiene pasto para ofrecer, y la otra iglesia les da alfalfa a las ovejas, ellas siempre irán a donde esté la alfalfa».

Esto me obliga a mirarme a mí mismo y preguntarme si estoy alimentando bien a mis ovejas, y si están creciendo sanas. ¿Qué alimento les estoy dando, pasto o alfalfa? Si una oveja salta de un redil a otro, quizás sea porque está demasiado flaca y tiene hambre. En ese caso, ¡mi plan es alimentar tanto a las ovejas que no vuelvan a saltar más, de lo gordas que se pongan!

Algunos pastores se equivocan en su liderazgo, y gastan toda su energía en levantar el cerco más alto para que las ovejas no se escapen. Se esfuerzan en diseñar estrategias para mantener a la gente encerrada y evitar la gran huida, en lugar de alimentarlas cada vez con mejor alfalfa.

Esto es realmente muy triste, porque Dios no desea que sus hijos resulten heridos, y mucho menos en la iglesia y por causa del mal uso de la posición de liderazgo pastoral. Por eso, no maldigas a las personas cuando se van de tu iglesia. Por el contrario, bendícelas, porque no sabes si Dios las necesita en otra parte o si algún día tal vez volverán.

Piénsalo del siguiente modo: así como en una construcción hay ladrillos y andamios, de igual manera en la iglesia encontramos personas que ayudan a edificar la casa de Dios. Pero, si bien los andamios y los ladrillos son necesarios para cualquier construcción, uno de ellos es temporal y el otro permanece en el tiempo. El andamio es muy importante pues ayuda a levantar el edificio. Así cumple su propósito, pero luego es llevado a otro lugar para seguir levantando más paredes. Mientras tanto, los ladrillos permanecen siempre en el edificio donde fueron puestos, porque para eso fueron creados.

De la misma manera, hay algunas personas (los andamios) que no van a estar siempre en la misma iglesia. Mientras estuvieron contigo, fueron de mucha ayuda para poner los ladrillos, pero ahora Dios los va a llamar para ir a otra iglesia. ¡Dales gracias por todo el tiempo que te ayudaron y bendícelos en su salida!

En Israel, cuando los pastores llevaban a sus ovejas a pastar, estas se mezclaban unas con otras. Luego, cuando su pastor alzaba la voz para llamarlas, las ovejas levantaban sus cabezas y seguían la voz de su pastor. El único momento en el que estaban dentro de un redil era por la noche, y el pastor dormía en la puerta mientras las protegía de los lobos. El redil funcionaba como un lugar de protección y no como un lugar para amenazar o retener a las ovejas que ya no querían estar ahí dentro.

La iglesia debe ser un lugar de vida y no de muerte. Debe ser un lugar de esperanza, en el que te bendigan y deseen lo mejor para ti, ya sea que te quedes o que te vayas. Si te fijas bien, todos los teólogos están de acuerdo en que el hijo pródigo no debió pedir la herencia a su padre. Eso fue como un insulto, porque su padre todavía estaba con vida. Sin embargo, aun así, el padre lo bendijo y no lo maldijo.

Por eso, recuerda que no debemos bendecir solo a la gente que se va en buenos términos de la iglesia, sino incluso a los que deciden irse como el hijo pródigo. La Biblia nos enseña que llegó un momento en que el hijo volvió en sí. Es decir, empezó a pensar: «¿Por qué hice esto? ¿Cómo se me ocurrió?». Luego, recordando que en la casa de su padre los siervos eran tratados mejor de lo que lo trataban a él en ese lugar, y deseando comer por lo menos la comida de los cerdos, decidió volver a su casa.

¡Me fascina saber que el padre estaba ahí cuando su hijo regresó! Yo creo que el padre tenía confianza en que su hijo iba a volver. Me lo imagino esperando a su hijo cada día a la orilla del camino, aunque este hubiera prometido no regresar jamás. Y aquél día, cuando el padre lo vio aparecer a lo lejos en el camino, corrió hacia él...

En este punto se me ocurren varias preguntas: ¿Qué hubiera pasado con el hijo si el padre no hubiera estado esperándolo? ¿Qué hubiera pasado si el padre hubiera tenido otra actitud? ¿Qué hubiera pasado si el padre, lleno de dolor, vendía su hacienda, se mudaba de ciudad y no estaba allí cuando su hijo regresaba?

La Biblia nos dice que el padre estuvo allí cuando el hijo volvió, y eso es lo que le da un final feliz a esta historia. Por eso mismo, yo siempre quiero estar a la espera de que los hijos pródigos vuelvan a casa. Quiero estar allí para recibirlos y abrazarlos cuando regresen.

Ahora bien, es más difícil abrazarlos cuando vuelven si los maldijiste al salir, ¿no es cierto? Y también es más difícil para ellos volver si los maldijiste cuando se fueron... ¡Qué pena sería que, al volver en sí, recuerden que salieron mal de la iglesia y no puedan volver, aun cuando es el lugar que más necesitan!

Esfuérzate por tener una iglesia que bendiga a todos: los que están desde hace años, a los que acaban de llegar y también a los que se van. Si se cambian a otra iglesia, dales gracias por el tiempo que compartieron juntos y bendícelos para que puedan florecer en donde Dios los necesite. Y si salen como el hijo pródigo, bendícelos también, y que sepan que si algún día desean regresar, los estarás esperando para correr a su encuentro y darles un gran abrazo.

Filtro 26

NO OLVIDES SUS BENEFICIOS

Salmos 103:1-2 (RVR60) dice:

> *«Bendice, alma mía, a Jehová, y bendiga todo mi ser su santo nombre. Bendice, alma mía, a Jehová, y no olvides ninguno de sus beneficios».*

Las palabras *«no olvides ninguno de sus beneficios»* se convirtieron en un filtro en nuestras vidas durante el tiempo en que mi esposa Karyn tuvo cáncer. Ella siempre repetía: «Yo no temo morir, yo temo olvidarme de sus beneficios».

A pesar de la circunstancia que ella estaba viviendo, con un cáncer tan fuerte en su cuerpo, y a pesar de lo incómoda que era la quimioterapia, la radiación y todos los efectos secundarios, ella siempre se aferraba a las promesas de Dios y no temía a la muerte, ¡temía olvidar!

Entonces comencé a pensar, ¡yo tampoco quiero olvidar quién es Él, y lo que ha hecho por mí! Con los problemas sociales que hay a nuestro alrededor, con los problemas económicos que hay en el mundo en general y aun con los problemas personales de salud, es fácil quitar nuestros ojos de Dios y ponerlos en lo mal que está todo. Las noticias del día nos pueden distraer fácilmente, pero no debemos

LO QUE OCURRE CADA DÍA PUEDE DISTRAERNOS FACILMENTE, PERO JAMAS DEBEMOS OLVIDAR LOS BENEFICIOS DEL SEÑOR

olvidar jamás sus beneficios. No debemos olvidar que Él pagó el precio para darnos vida, y que esta casa es temporal y luego estaremos con Él por la eternidad. ¡No podemos olvidar una salvación tan grande, ni de dónde nos sacó Dios! ¿Dónde estaríamos si no fuera por Él? ¡No olvidemos nunca sus beneficios!

Recuerdo el momento en que recibimos la noticia de que mi esposa tenía un cáncer agresivo y avanzado, con un pronóstico que no era optimista. Cuando uno recibe una noticia de esa índole, obviamente es como un shock, y en medio de ese shock es muy fácil distraerse de lo importante. Sin embargo, lo primero que recuerdo es que quisimos anunciarlo rápidamente a la iglesia, porque queríamos el apoyo en oración de toda nuestra familia, la familia de Dios.

Esto provocó que muchas personas que nos amaban se acercaran con las mejores intenciones, pero con diferentes ideas para recomendarnos: «Mira, tengo un médico...», «Tengo una vitamina...», «Tengo un amigo doctor en México...», «Tengo este amigo en los Estados Unidos...». Y era chistoso, porque alguien por ahí hasta tenía para recomendarnos un brujo en la selva, un curandero... En fin, comenzamos a recibir muchas voces diciendo: «Ven por aquí, anda por allá, anda por este otro camino».

Lo que Karyn y yo hicimos fue salir un rato, como lo hacía Jesús cuando se apartaba para orar a solas con Dios. Nosotros nos fuimos a un lugar tranquilo, a un hotel, y estuvimos allí a solas con Dios orando un par de días, y durante esta oración simplemente decíamos: «Señor, todas estas ideas son buenas, pero, ¿cuál es tu idea para nosotros? ¿Qué es lo que tú deseas?». Recuerdo que era un día jueves cuando ambos despertamos y salimos para tomar el primer café de la mañana con la seguridad de que ya teníamos la respuesta. Y la respuesta que Dios nos dio a ambos por separado fue: «Tu llamado es el Perú; no salgas de tu llamado para la sanidad». En otras palabras: «Descarta México, descarta Estados Unidos». Si Dios iba a traer sanidad, lo haría en nuestro llamado, y nuestro llamado está en el Perú, así que confiamos en esto. Y la siguiente cosa que sentimos como una directriz de Dios fue: «Los médicos también son ministros de Dios». Entonces, cuando nosotros encontramos al médico que era para Karyn, simplemente nos sometimos a él, porque lo consideramos un ministro de Dios. Eso fue lo que hicimos, y gracias a Dios mi esposa Karyn pasó todas las batallas, y el cáncer se fue. ¡Por eso *«no olvides ninguno de sus beneficios»* es para mí un filtro muy importante!

Mateo 24:12 dice:

> *«Habrá tanto pecado y maldad, que el amor de muchos se enfriará».*

Esta es una de las profecías de los últimos días. El mundo será cada vez más oscuro, y cuando la Biblia dice *«el amor de muchos»*, está hablando de los escogidos, de los cristianos. El amor de muchos cristianos se enfriará. ¿Y por qué se enfriará? Porque estarán mirando la oscuridad en lugar de mirar la luz. En otras palabras, porque olvidarán sus beneficios.

Cuando el mundo se ponga más difícil, más complicado, más injusto; cuando la maldad se multiplique, muchos van a quitar sus ojos de Jesús y los pondrán en la maldad, y en ese momento olvidarán sus beneficios. ¡Yo no quiero que eso me suceda! Por eso he fijado este filtro para mi vida, y no solo para los últimos días, sino para mi vida cotidiana: «Cuando se multiplica la maldad o la oscuridad, puestos mis ojos en Jesús, no olvido sus beneficios».

Aplicar este filtro no fue fácil para Karyn. Estaba muy enferma y las medicinas la debilitaron aún más. Ella se puso muy frágil. Estaba muy delgada y perdió todo su cabello. Por eso, al levantarse cada mañana y sentirse físicamente tan débil, decidió poner en su espejo diferentes versículos y promesas, para no olvidar los beneficios de Dios. Los puso allí como un constante recordatorio, y es así que hasta el día de hoy, después de muchos años, mientras cepillo mis dientes cada mañana, ese espejo sigue lleno de versículos que me recuerdan el amor de Dios por nosotros.

No olvidar sus beneficios nos da la fuerza para enfrentar cualquier situación, por difícil que sea. Recuerdo que un día, producto de la quimioterapia, el cabello de Karyn empezó a caer, así que tuvimos que afeitar su cabeza. De ser una mujer de pelo largo toda su vida, ahora había pasado a estar calva. Cuando regresamos a casa yo la miraba pensando: «¿Qué va a decir? ¿Qué va a hacer?», y recuerdo que se metió en el baño para verse en el espejo y cerró la puerta, y yo pensé: «¡Ay, Dios, ay! ¿Qué va a decir? ¿Cómo va a reaccionar?». Y de pronto ella comenzó a reír a carcajadas. Literalmente, salió riendo del baño. Entonces yo le pregunté: «¿Qué está pasando?», a lo que ella respondió: «Me veo chistosa».

Karyn es como la mujer de Proverbios 31:

> *«Está revestida de fuerza y dignidad, y no le teme al futuro».*
>
> Proverbios 31:25

Y es que cuando miramos los beneficios de Dios en nuestra vida, podemos mirar al futuro sin temor.

CUANDO MIRAMOS LOS BENEFICIOS DE DIOS EN NUESTRA VIDA, PODEMOS MIRAR AL FUTURO SIN TEMOR

Miramos lo que viene sin temor, porque sabemos que cada parte de nuestra vida está en las manos de Dios.

Por eso, aun en medio de las dificultades, de las injusticias, de la enfermedad o de las preocupaciones financieras, ¡recuerda quién es Dios y lo que ha hecho por ti!

La palabra en griego para «salvación» es «*sózó*», y no se refiere solo a un boleto al cielo. Dentro de sus beneficios también hay sanidad, hay libertad, hay liberación, hay toda justificación... y cuanto más conozcas a Dios, cuanto más conozcas su Palabra, más beneficios encontrarás.

Por eso al enemigo no le gusta que leas la Palabra. El enemigo quiere distraerte con lo que está pasando afuera, con los noticieros y esas cosas. Ten cuidado con esto, porque si tú solamente te alimentas de las noticias mañana, tarde y noche, será fácil que el temor empiece a gobernar tu vida. Y si te dejas distraer por todo esto, llegará un momento en que olvidarás sus beneficios y solo sentirás miedo.

Pero si apagas las noticias y vuelves a enfocarte en Jesús; si dices: «*Bendice, alma mía, a Jehová*» y comienzas a alabarle; si dices: «Señor, mis emociones están en una montaña rusa, ¡pero no quiero olvidar tus beneficios!», entonces podrás descansar en el Señor, podrás estar tranquilo y tendrás paz.

Jesús mismo, cuando estableció la Santa Cena, dijo:

> «*Este pan es mi cuerpo, que es entregado por ustedes. Hagan esto para que se acuerden de mí*».
>
> Lucas 22:19

En otras palabras, Él dijo: «Recuerden».

Recordemos la cruz y el precio que Cristo pagó por nosotros.

Recordemos cuánto nos ama el Padre, y todo lo que ha hecho por nosotros a lo largo de los años.

No olvidemos ninguno de sus beneficios, y tendremos no solo sanidad, prosperidad y bendición para nuestra vida y nuestra alma, sino también una paz que el mundo no conoce.

Filtro 27

PRIMER CONTACTO

Mike Tyson dijo alguna vez: «Todos tienen un plan de batalla, hasta que te pegan en la nariz».

Y quiero ser claro en esto: no es que esté mal tener un plan para la batalla, pero debemos saber que ningún plan sobrevive después del primer contacto con el enemigo. Por eso este filtro, al que he titulado «Primer contacto», sirve para recordarnos que los métodos pueden cambiar, pero la misión nunca cambia. Y la misión, en nuestro caso, es llevar este mensaje del evangelio a todo el mundo.

Una vez que entras en batalla, el plan inicial puede cambiar, porque la situación cambia a cada momento. Sin embargo, en las misiones militares hay algo que se llama «*commanders intent*», o «intención del comandante», que se refiere a una descripción breve, y que debe ser conocida por todos los participantes, de lo que constituiría el éxito de la operación. Sirve para que todos puedan enfocarse en el objetivo que se busca y orientar sus esfuerzos hacia ese fin.

Creo que este filtro es realmente importante porque hay muchos pastores y líderes muy enfocados en cuidar que nada cambie en sus iglesias, cuando en realidad deberían estar pensando en cómo cambiar los métodos para poder tener éxito en la misión, que nunca cambia.

HAY MUCHOS PASTORES ENFOCADOS EN CUIDAR QUE NADA CAMBIE, CUANDO DEBERÍAN ESTAR PENSANDO EN CÓMO CAMBIAR LOS MÉTODOS PARA PODER TENER ÉXITO EN LA MISIÓN QUE NUNCA CAMBIA

Déjame decirte que si al día de hoy tienes una iglesia como la de los años '50, entonces mañana no tendrás iglesia. Es fundamental que comprendas esto, porque lo que hiciste hace diez años en tu iglesia, tal vez ya no sea relevante hoy, y lo que estás haciendo en tu iglesia hoy quizás mañana ya no sea tan importante.

Por ejemplo, antes yo pensaba lo siguiente: «Hay que ir más lento para llegar más lejos». Esto lo he dicho y lo he practicado durante mucho tiempo. Pero hoy las cosas han cambiado totalmente, y ahora pienso: «¡Hay que ir rápido, porque lo que fue relevante ayer, hoy ya no lo es!». Lo que antes tomaba un año, ahora toma un mes. En otras palabras, hoy un mes es como un año. Y si me demoro un par de meses en tomar una decisión, ¡ya estoy atrasado!

Escuché alguna vez un dicho que es muy triste porque es cierto: «La iglesia de hoy está perfectamente equipada para alcanzar a un mundo que ya no existe».

Entonces, debemos preguntarnos todo el tiempo: ¿Qué puedo hacer para ser efectivo en la realidad de este momento? Los métodos que eran efectivos hace un año cambiaron, pero nuestra misión sigue.

Mientras escribo este libro el mundo está atravesando una situación apremiante. En el 2020 se desató una pandemia de Covid-19 que afectó al mundo entero. Entre otros cambios vividos durante este tiempo, las iglesias debieron cerrar sus puertas, para respetar el aislamiento social que se estableció como medida de prevención en muchos países. De un día para el otro, tuvimos que pasar de la «presencialidad» a una modalidad «a distancia» u «*online*». Nadie sabía cómo hacerlo, y muchos no estaban preparados, pero para ser relevantes, tuvimos que aprender rápido. Y en ese aprendizaje veloz probamos cosas nuevas, las mejoramos y lo que pudimos comprobar fue que Dios en verdad guía nuestros pasos cuando tenemos nuestros ojos fijos en la misión.

Hoy en día todo ha cambiado, y la iglesia como la conocimos hasta hace un año atrás ya no existe. Ahora lo de «ir lento para llegar lejos» ya no funciona. No, ahora hay que ir rápido, no podemos ser exquisitos.

De hecho, creo que ahora prefiero equivocarme yendo rápido, que acertar haciéndolo lentamente. El propósito siempre es querer acertar, por supuesto. Sin embargo, si corremos más rápido, es probable que nos equivoquemos más rápido, ¡pero también aprenderemos más aceleradamente!

Recuerdo algo que aprendimos mientras hacíamos *Servolución* en medio del terremoto que tuvimos en Perú en el 2007: «El que llega primero es el que ordena a los que llegan más tarde». Las ONGs y los de Defensa Civil saben muy bien esto. El primero que llega a un desastre es el que ordena a los que llegan después: «Se necesita ayuda por allá», «Hay que llevar eso a aquel sector». Así, los que llegaron primero comienzan a tomar el control, porque ya conocen mejor la situación y saben lo que se necesita.

Lo mismo vemos también en la Iglesia de Dios. Yo recuerdo que Andy Stanley alguna vez dijo: «El primero en hacer cambios en la iglesia, tal vez sea el más criticado, pero termina liderando a los demás». Y es verdad. Si uno mira los avivamientos en la historia de la Iglesia, el despertar, los avivamientos de Inglaterra, los avivamientos de Wesley… aquellos que los iniciaron fueron criticados por los que no querían cambiar, pero finalmente fueron ellos los que lideraron a la Iglesia hacia el futuro.

Y lo mismo sucede en el tiempo de crisis actual. Los primeros que actúan, lideran, y son los que luego crecen en influencia.

Mi oración, especialmente en tiempos de crisis, es: «Dios, danos influencia. Danos la posibilidad de cambiar el mundo». Yo creo que la respuesta de Dios hoy es: «¡Actúen rápido, corran, porque les estoy dando la plataforma para poder hacer algo que antes no existía!».

La Biblia nos muestra muchos ejemplos de esto que estoy diciendo.

Egipto, gracias a José, acumuló mucha comida, porque rápidamente construyó graneros para guardar la cosecha de los siete años de abundancia. Esto le permitió que luego, durante el tiempo de escasez, intercambiara comida por propiedades, lo que convirtió a Egipto en el propietario de toda la región. Ahí podemos ver que hubo un intercambio de bienes durante la crisis.

También podemos recordar al pueblo de Israel saliendo de Egipto después de las plagas. La Biblia dice que ellos salieron con las riquezas de los egipcios.

Entonces podemos ver que en las crisis hay algo que ocurre, hay una transferencia de influencia.

Por eso, necesitamos sabiduría para tomar las decisiones en el tiempo correcto.

Hay momentos en los que tenemos que ir lento para llegar lejos; hay momentos en los que debemos hacer una pausa y ver las necesidades de alrededor; pero hay otros momentos en los que hay que correr. Así que, ¡acelera!

Recuerdo que cuando Karyn (quien luego sería mi esposa) llegó al seminario y la vi por primera vez, yo no quería ir lento para llegar lejos. ¡Yo quería ir rápido antes de que otro llegara primero! Por eso digo que hay momentos para atreverse, para correr, porque ese es el momento y no debemos perderlo.

Como dije antes, los primeros que actúan, lideran, y son los que luego crecen en influencia. Cuando llegas primero, la influencia que ganas te da la oportunidad de servir a la gente necesitada, de ir con una palabra de esperanza.

Para el año 2020 Dios me dio una palabra que está en Isaías:

> *«Levántate, resplandece; porque ha venido tu luz, y la gloria de Jehová ha nacido sobre ti».*
>
> Isaías 60:1 (RVR60)

Hace poco, leyendo un libro sobre una plaga del siglo XIV que fue parecida al COVID-19, la llamada «Peste Negra», y un artículo sobre la plaga de influenza española que se dio a principios del siglo XX, me di cuenta de que en ambos casos hubo un pánico en el mundo, pero que también, durante esas plagas, la Iglesia se posicionó tanto en dar esperanza y ayudar a la gente, ¡que cuando las plagas pasaron, las iglesias se llenaron y hubo un gran avivamiento! ¿Por qué ocurrió esto? Porque la gente se dio cuenta de que en esos momentos difíciles, la Iglesia había estado a su lado.

Yo creo que cuando el mundo está en pánico, Dios quiere obrar a través de la Iglesia. Y que si nos preguntamos a nosotros mismos: «¿Cómo puedo llevar yo a Jesús a este mundo oscuro, a este mundo lleno de temor?», seguramente Dios nos guiará. Cuando lo haga, ¡actuemos rápidamente!, porque los que tengan ojos para ver y oídos para oír, y sepan leer los tiempos y correr para llevar el mensaje de esperanza, lograrán crecer ellos y también hacer crecer a los que están su alrededor.

Filtro 28

LOS RESULTADOS IMPORTAN

Este capítulo se relaciona con el anterior porque quiero hablarte un poco más sobre la pandemia de COVID-19 que azotó al mundo en 2020, y sobre sobre sus consecuencias en nuestra forma de «hacer iglesia». Si estás leyendo este libro recién salido de la imprenta, seguramente mucho de lo que voy a relatar te resultará conocido, pero si lo estás leyendo veinte o treinta años más tarde, tal vez te venga bien que te dé un poco de contexto. De cualquier manera, hablaremos de principios que son eternos, así que sigue leyendo porque va a interesarte.

En nuestra iglesia, Camino de Vida, tuvimos que cerrar nuestros servicios dominicales durante el año 2020 debido al COVID-19. De un día para el otro, cerramos las puertas a las reuniones presenciales para abrirlas a los nuevos encuentros «*online*». Incluso estábamos a menos de una semana de nuestra Conferencia Anual de Hombres y tuvimos que cancelarla.

En Camino de Vida cerramos nuestro servicio incluso antes de que el gobierno lo hiciera por decreto, y antes de que existiera una ley que impidiera reunirse. Recuerdo que le dije al staff y a toda la iglesia: «Esto no es conveniente, pero es lo correcto». Cerramos nuestro servicio presencial, no por una ley, sino por amor. Por proteger al prójimo, por cuidar a los que se congregan en la Iglesia.

Tomamos el cuidado necesario por los nuestros, porque creo que esa es la parte principal del trabajo pastoral: cuidar del rebaño. De hecho, hace meses tomamos la decisión de mantener a salvo al rebaño en casa mientras esta plaga continuara, y al momento de escribir estas líneas, aún no tenemos reuniones presenciales. Debo confesar que extraño el estar juntos como lo hacíamos cada domingo, pero mientras no sea físicamente seguro para nuestra gente, seguiremos con lo más apropiado, que es la modalidad «*online*».

Es fácil estar frustrados en un momento así, pensando que se ha interrumpido todo lo que estábamos haciendo, pero nosotros creemos que Dios es soberano. Nosotros fuimos sorprendidos por esta pandemia, pero Él no lo fue.

Estoy convencido de que nadie quiere vivir una vida irrelevante, una vida que no cuente para nada. Todos queremos dejar una huella aquí en la tierra y siento que Dios nos ha puesto en un tiempo especial para resolver un problema que nadie más que nosotros podría resolver. Creo que Dios nos quiere enseñar algo nuevo.

Esto me lleva de vuelta a uno de los temas del capítulo anterior, que es que debemos preguntarnos: ¿qué podemos hacer para ser efectivos en la realidad de este momento? Los métodos que eran efectivos hace un año cambiaron, pero nuestro objetivo sigue siendo el mismo. Sigue siendo vital alcanzar ese objetivo. ¡Los resultados importan!

Una de las historias más tristes que conozco se vivió durante la Primera Guerra Mundial en un lugar llamado «la colina 304». Cuando los alemanes invadieron Francia, había un pueblo llamado Verdún, y una «colina 304» en el mapa que los alemanes querían tomar. Los franceses no querían cederla, y fue allí, en ese lugar, donde se libró una de las batallas más sangrientas de la historia del mundo.

Los alemanes la conquistaron, pero los franceses la recuperaron, luego los alemanes la reconquistaron y los franceses la retomaron una vez más. Al final de una batalla que duró casi un año, cerca de un millón de soldados, entre alemanes y franceses, habían muerto en esa colina.

MUCHAS VECES LAS IGLESIAS PERDEMOS TIEMPO Y ENERGÍA EN HACER COSAS QUE AL FINAL NO MODIFICAN EL RESULTADO

Lo más triste de todo esto es que, al final de la guerra, mucho tiempo después, se dieron cuenta de que esa batalla había sido irrelevante, pues esa colina no representaba ninguna ventaja táctica para ninguno de los dos ejércitos. No era necesario tomar esa colina para los alemanes, ni era necesario recuperarla para los franceses. Sin embargo, pelearon por ella, y muchos soldados murieron allí.

¿Puedes creerlo? ¡Un millón de hombres dieron sus vidas por algo que era irrelevante! ¡Murieron en una larga batalla que no iba a alterar de ninguna manera los resultados de la guerra!

A esto me refiero cuando digo que los resultados importan. Si queremos ganar almas para Cristo, entonces eso es lo que importa, y debemos distinguir dónde poner nuestro esfuerzo para conseguir ese objetivo. Lamentablemente, muchas veces las iglesias perdemos tiempo y energía en hacer cosas que al final no modifican el resultado.

¡Los resultados importan! Esto lo vemos claramente en la parábola de los talentos, que ya analizamos en otro capítulo. Había un hombre que tenía cinco talentos y ganó cinco más, había otro que tenía dos talentos y ganó dos más, y había uno que recibió un talento y lo escondió. A este último el Señor lo castigó por no haber hecho nada con lo que había recibido.

Pero hay otro punto importante a tener en cuenta. Si de verdad nos importan los resultados, entonces debemos estar dispuestos a cambiar nuestros métodos. De otro modo, irán quedando desactualizados y perderán efectividad. Muchas veces en la iglesia queremos que hoy todo sea como fue en los años '50 o en los '60, ¡pero el mundo cambió! Si nosotros no cambiamos con el mundo, vamos a seguir enviando hermanos a pelear por una montaña que hoy en día es irrelevante, y para colmo, con métodos obsoletos.

Una generación antes de la Primera Guerra Mundial, el ejército francés, liderado por Napoleón, era el más temible de todos. Ellos se vestían con un traje azul brillante con una pluma en el casco y marchaban en fila hacia el enemigo. Pero esas tácticas cambiaron en la Primera Guerra Mundial. Los alemanes camuflaban su uniforme y ya no era muy sabio marchar en fila hacia las recién inventadas ametralladoras. Mi pregunta es: ¿hasta cuándo seguiremos usando métodos de ayer para tratar de alcanzar al mundo de hoy?

> ¿HASTA CUÁNDO SEGUIREMOS USANDO MÉTODOS DE AYER PARA TRATAR DE ALCANZAR AL MUNDO DE HOY?

Creo que debemos ser flexibles y adaptar nuestros métodos a los cambios que se dan en el mundo, para poder alcanzar nuestros objetivos, que no cambian. De hecho, los cambios en el mundo pueden ser grandes oportunidades si sabemos aprovecharlos. Por ejemplo, hoy en día, en medio de la pandemia de COVID-19, creo que Dios está impulsando a la Iglesia a un terreno nuevo. En un inicio, no sabíamos cómo afrontar todo esto, pero estamos aprendiendo. Estamos usando métodos para «hacer iglesia» que antes ni hubiéramos podido pensar y hay cientos de personas que han recibido a Cristo durante esta pandemia. Las fronteras se están esfumando, y hoy estamos discipulando personas de distintos países, porque hemos aprendido a usar la tecnología de una manera más eficaz.

Pero no hemos terminado. Ahora tenemos otros desafíos por resolver, porque lo «normal» ha desaparecido. La idea de volver «a la normalidad» ya no está. No sabemos si regresaremos a las cosas como eran antes, ni cuándo lo haremos. Muchas personas tienen temores legítimos, reales. Y se dice que el 30% de los cristianos ni siquiera está seguro de si quiere volver a la iglesia de manera presencial cuando termine la pandemia. Ellos están muy contentos de tener los cultos en casa. Así que, quién sabe si la modalidad «*online*» o «a distancia» será parte permanente del futuro de la Iglesia.

En Camino de Vida, por lo pronto, estamos decididos a seguir cambiando y adaptando nuestros métodos para obtener mejores resultados. Por ejemplo, luego de varias conversaciones con amigos pastores, con nuestro equipo, y con los de otras iglesias, nos dimos cuenta de que, pasados los treinta minutos, las personas que estaban conectadas empezaban a salir de la transmisión rápidamente. Entonces nos impusimos el desafío de ser más eficaces, compartiendo el mensaje en el menor tiempo posible. En mi opinión ya teníamos prédicas muy cortas, pero literalmente pasamos de prédicas de veinticinco minutos (que ya eran cortas) a prédicas de doce minutos. ¿Y por qué hacer esto? Porque los resultados importan. Y porque entendimos que el objetivo de las reuniones *online* no era imitar las reuniones que teníamos de manera presencial antes de la pandemia. Todo ha cambiado. Ahora le estamos hablando a la familia que está sentada en su sofá mirando una pantalla. El objetivo no es darles un mensaje de cuarenta minutos. El objetivo es conectar con ellos.

Algunos dirán que esto es muy «*light*». No lo es, porque el discipulado se puede hacer en otro momento de la semana. Pastores y líderes: lo más importante en este momento (y siempre) es mantener a la gente conectada, a la vez que se llega a nuevas personas. No les den un sermón, denles un principio que los anime, que los conecte, y luego invítenlos a una videollamada para discipularlos, o a una reunión virtual de grupo pequeño. Porque hacer discípulos sigue siendo la meta, pero el lugar y la forma como se discipula han cambiado. Recuerden, los resultados importan. Hagamos los cambios necesarios para conseguir esos resultados.

Dios nunca nos ha fallado. No nos va a fallar ahora.

ALGUNAS PREGUNTAS QUE DEBES RESPONDER:

¿QUIÉN ESTÁ DETRÁS DE ESTE LIBRO?

Especialidades 625 es un equipo de pastores y siervos de distintos países, distintas denominaciones, distintos tamaños y estilos de iglesia que amamos a Cristo y a las nuevas generaciones.

¿DE QUÉ SE TRATA E625.COM?

Nuestra pasión es ayudar a las familias y a las iglesias en Iberoamérica a encontrar buenos materiales y recursos para el discipulado de las nuevas generaciones y por eso nuestra página web sirve a padres, pastores, maestros y líderes en general los 365 días del año a través de **www.e625.com** con recursos gratis.

zona de contenido PREMIUM

¿QUÉ ES EL SERVICIO PREMIUM?

Además de reflexiones y materiales cortos gratis, tenemos un servicio de lecciones, series, investigaciones, libros online y recursos audiovisuales para facilitar tu tarea. Tu iglesia puede acceder con una suscripción mensual a este servicio por congregación que les permite a todos los líderes de una iglesia local, descargar materiales para compartir en equipo y hacer las copias necesarias que encuentren pertinentes para las distintas actividades de la congregación o sus familias.

¿PUEDO EQUIPARME CON USTEDES?

Sería un privilegio ayudarte y con ese objetivo existen nuestros eventos y nuestras posibilidades de educación formal. Visita **www.e625.com/Eventos** para enterarte de nuestros seminarios y convocatorias e ingresa a **www.institutoE625.com** para conocer los cursos online que ofrece el Instituto E 6.25

¿QUIERES ACTUALIZACIÓN CONTINUA?

Regístrate ya mismo a los updates de **e625.com** según sea tu arena de trabajo: Niños- Preadolescentes- Adolescentes- Jóvenes.

¡APRENDAMOS JUNTOS!

e625.com

/e625COM

/InstitutoE625

TU MINISTERIO SUBIRÁ DE NIVEL

www.InstitutoE625.com

e625.com

TE AYUDA
TODO EL AÑO